차원이 다른
kt is의 새로운 도전을 함께하는
리딩그룹이 됩시다.

2017.2.07

(주)케이티스 대표이사 박형출

나는 개인적으로 "나는 당신의 미래의 아내가 아니라 미래의 보스입니다 I am your future boss, not your future wife."라는 문구를 좋아한다. 이 책에 소개되는 여성들은 이 문구를 완성한다. 그녀들을 통해 우리도 할 수 있다는 희망을 볼 수 있었다. 또한 그녀들이 어떤 자세와 마음을 가지고 어떤 노력을 하였는지를 보면서 나를 채찍질하는 반성의 시간도 가질 수 있었다.

-김나래, 숙명여대 가족자원경영학과 3학년

이제 대학 진학률부터 각종 시험에 이르기까지 여성의 합격률이 남성의 합격률을 추월했다는 이야기들은 더 이상 기삿거리가 아니다. 그럼에도 아직 우리 주위에서 전문직이나 회사 중역으로 일하는 여성의 모습들을 찾기는 쉽지 않다. 이 책은 저자의 이야기뿐만 아니라 30년 공직 생활을 하면서 만나 온 여러 여성 인재들의 경험담들을 솔직하면서도 담백하게 이야기하고 있다. 첫 장에서 마지막 장까지 읽다 보면 대한민국에서 여성 리더의 역할이 얼마나 중요하고 또 왜 계속 성장해야 하는지에 대한 깊은 감동을 느낄 것이다. 워킹맘은 물론 가정주부들에게도 이 책을 적극 추천한다.

-김미아, 미국변호사·법률사무소 가을햇살 국제법무팀

이 책은 좋아하는 분야의 일을 찾아 성공하고 성장한 여성들, 그리고 그 힘든 유리천장을 깨고 당당히 프로의 위치에 올라선 여성들을 그린다. 다들 안 된다고 하던 수많은 장벽을 깨고 당당히 현재 위치에 오른 그녀들의 이야기를 적극 추천해주고 싶다.

-김서현, JTBC 콘텐트허브

성공의 요소를 알려주는 책은 수없이 많다. 그러나 기존의 성공 지침서들은 남성용이다. 그런 점에서 이 책은 값지다. 남성들의 세상에서 유리천장을 뚫고 날아오르려는 여성들에게 꼭 필요한 구체적이고 실질적인 내용을 담고 있다. 국내에 처음 등장한 여성에 의한, 여성 사례 중심의, 여성을 위한 성공 비법서이다.

-박성희, 전 한국경제신문 수석논설위원, 현 서울대 언론정보학과 산학협력교수

단숨에 읽어 내려갔다. 우리 사회에 성공한 여성들이 이렇게나 많았다니! 끊임없는 노력과 열정으로 본인이 속한 분야에서 최고가 된 여성들의 스토리, 이와

더불어 저자의 내공이 살뜰히 담긴 조언과 용기의 메시지가 너무나도 가슴에 와 닿았다. 이 책은 앞으로도 워킹맘으로 살아가는 나의 미래에 훌륭한 지침서가 될 것 같다.
-박아름, 두산중공업 운영혁신팀 과장

나는 이 책의 저자인 이복실 전 여가부 차관을 만날 때마다 영감과 에너지를 받는다. 그 영감과 에너지는 너무나 유쾌하고 힘이 있다. 책 안에도 고스란히 담겨 있다. 또한 책을 통해 그녀만큼 멋진 여성들의 이야기를 함께 들어볼 수 있어서 좋았다. 단지 읽기만 한 것인데도 마지막 페이지를 넘기며 한 뼘쯤 더 성장한 나 자신을 만날 수 있었다.
-박정숙, 경희대 교수·방송인

좌절과 시련 앞에서도 굴하지 않고 성장의 길을 꾸준히 걸어간 여성 리더들이 이렇게 많다는 것만으로도 큰 힘이 된다. 물론 이 책의 저자인 이복실 전 여성가족부 차관 역시 대한민국 직장 여성들이면 넘어서야 하는 고비들을 겪었다. 그때마다 그녀는 열정과 지속 성장하는 힘으로 정면돌파해 왔다. 이 책은 '여성이여, 그 어떤 시련 앞에서도 계속 성장을 멈추지 말자'는 강력한 메시지를 전한다.
-박찬희, 박찬희 PR 대표

호텔에서 근무하며 그동안 만난 수많은 공직자 분들과 이 책의 저자는 조금 달랐다. 자신감과 여유는 물론 따스함과 열정이 동시에 느껴졌다. 기분 좋은 자극이었다. 나는 지금까지 매 순간 꿈을 향해 끝없이 도전했다. 이 책을 읽으면서 나도 더 힘을 내 나의 꿈을 향하여 더 매진하고 싶어졌다.
-배현미, 롯데호텔 L7명동 총지배인

이 책을 펼쳐 읽다가 그만 크게 감동하고 말았다. 여러 번 읽었는데 그때마다 그랬다. 죽을 때까지 성장하고 싶어하는 여성들의 역경극복 스토리는 오늘도 힘들고 지친 우리들의 일상에 힘을 준다.
-이진숙, 동아오츠카 상무

한숨에 책을 다 읽었다. 진솔하면서도 다양한 스토리가 와닿았다. 어디서든 여성이 일하기 위해서는 역경을 딛고 성장시키는 힘이 필요하다. 이 책에는 여성의 성장에 필요한 세 가지 요건인 마인드셋, 태도, 전략이 담겨 있다. 하나하나 읽어가며 그대로 적용해보자. 포기하지 않고 계속 성장하다 보면 그 보상으로 성공이 어느새 와 있을 것이다. 성장을 꿈꾸는 모든 여성에게 일독을 권하고 싶다.

－임 리Yim Lee, LE8233 프로덕션 대표

우리는 흔히 양성평등을 주장하는 페미니스트는 다 투사일 거로 생각하는 편견이 있다. 이 책의 저자 역시 30년 가까이 여성정책과 양성평등정책을 전담한 공직자였기에 그런 편견을 받을 만하다. 하지만 이 책의 저자는 그런 편견이 무색하게 늘 밝고 소탈하고 격의 없는 대화로 누구와도 소통이 잘되셨던 분이다. 이책은 저자가 오랜 기간 지켜보고 교우했던 우리 사회의 각 분야에서 성공적인 리더십을 발휘한 여성들의 경험담을 읽기 쉽게 풀어내고 있다. 저자 특유의 친화력 있는 필체로 성장을 꿈꾸는 여성들은 물론 남성들도 충분히 공감하고 때로는 위안도 받을 만한 이야기로 소통의 장을 제시한다.

－조희진, 의정부지방검찰청 검사장

여성으로서 직장을 다니며 일하기가 쉽지는 않다. 솔직히 항상 힘들다. 그래서 나는 힘든 것을 그냥 받아들였다. 그리고 '이왕 하는 일 발자취는 남기자.'라는 마음으로 일했다. 내 일의 가치를 찾았고 그러자 버티는 힘도 생기고 업무 성과도 났다. 이 책에서 저자는 포기하지 않고 버티는 것을 이야기해준다. 버텨야 성장할 수 있고 성장해야 또 버틸 수 있다. 그 어디서도 볼 수 없는 현실적인 조언들이 가득하다.

－탁정미, 효성ITX 인사·기획 총괄임원

우리는 미래가 불확실한 시대에 살고 있다. 인생의 결정적인 순간, 흔들리지 않고 자신이 믿는 가치에 따라 선택과 결정을 내리며 성장의 길을 꾸준히 걸어가는 리더들의 스토리가 담겨 있다. 그 스토리들을 따라 읽어가다 보면 가슴이 뭉클해지기도 하고 또 심장이 뛰기도 하고 또 벅차오름을 느끼기도 한다. 무엇보다도 나 역시 계속 성장하기를 멈추지 말아야겠다는 의지를 불태우게 된다.

－홍종희, 에어비앤비 홍보총괄

나는 죽을 때까지
성장하고 싶다

나는 죽을 때까지
성장하고 싶다

정상에 오른 여성 리더들은
시련 앞에서도 성장을 멈추지 않았다

이복실 지음

클라우드나인
CLOUD 9

성공과 행복을 꿈꾸는
모든 분들과
나의 두 딸을 위해

모든 여성 인재들이 타고난 가능성을 꽃 피우시기를!

신동빈(롯데그룹 회장)

지속 가능한 성장을 위해 여성 인재가 우리 사회에 핵심적인 역할을 해야 한다는 점에는 모든 분이 동의하고 있습니다. 저 역시 대한민국의 여성 인재들이 우리 사회에 가져다 줄 수 있는 개방성과 다양성과 탁월한 감각에 주목하고 있습니다. 그러나 이러한 시대적인 요구에도 여성 인재들이 타고난 가능성을 마음껏 꽃 피울 수 있도록 근무 환경을 개선하고 인식을 바꾸는 일이 쉽게 이루어지지 않는 것 같습니다. 노력하고 애써도 가시적인 성과가 쉽게 나타나는 일이 아니어서 도전도 쉽지 않고 지속적으로 추진하기도 어려운 것 같습니다.

부끄러운 이야기를 꺼내자면, 제가 롯데그룹의 경영에 참여하기 시작한 2004년에 저희 회사의 공채 입사자 중 여성 비율이 5%에 불과한 것을 보고 깜짝 놀랐습니다. 지금 생각하면 정말 참담한 수준이었습니다. 12년이 지난 2016년 현재 저희 그룹의 공채입사자 중 여성 인재의 비율은 40%에 달합니다. 매년 여성 채용을 늘리기 위해 '남성 역차별'이란 이야기까지 들어가며 공격적으로 여성 인재 정책을 펼쳤음에도 무려 12년이나 걸렸습니다. 그렇다고 지금 롯데의 여성 인재들이 일체의 차별 없이 근무하고 있다고 생각하지 않습니다. 아직도 멀었습니다. 우리는 여전히 양성평등 문화를 위해 노력 중이며 이제는 채용을 넘어 여성 리더 육성을 위해 힘을 다하고 있습니다. 앞으로도 꾸준히 최선을 다해 바꿔나가야 한다고 생각합니다. 조직과 그 조직에서 근무하는 사람들의 가치와 문화를 바꾸는 것이 지난한 일이기 때문입니다.

아이 한 명을 키우는 데 한 마을이 필요하다고 합니다. 여성 인재는 하늘의 절반이니, 이 절반을 키우는 데는 훨씬 더 큰 노력이 필요하겠지요. 정부가 잘할 수 있는 일이 있을 것이고, 기업이 해야 할 일이 있을 것입니다. 롯데그룹 역시 지속적으로 여성 리더를 육성하고, 일과 가정을 병행하면서 자신의 꿈을 이룰 수 있도록 여건을 만들어가겠습니다. 저는 여성 인재들이 일하기 좋은 환경이란 게 단순히 출산과 육아 때문에 일터를 떠나지 않도록 붙잡는 차원이라고 생각하지 않습니다. 여성과 남성이 조화롭게 일할 수 있는 일터를 만드는 것. 스마트한 업무방식을 통해 장시간 업무가 성과를 높인다는 잘못된 패러다임을 바꾸는 것은 물론이고 일을 통해 본인과 가정이 모두 만족하고 행복해질 수 있는 문화와 체계가 만들어져야 한다고 생각합니다.

이 책이 정말 반갑고 고마운 것은 지금보다도 훨씬 열악했던 과거의 패러다임 속에서 우리 사회에 한 획을 그은 여성 리더들의 진솔한 이야기가 그대로 담겨 있기 때문입니다. 지난 세월 동안 대한 민국에서 여성이 일과 가정을 병행하는 것은 보통 일이 아니었음을 잘 알고 있습니다. 이복실 전 여성가족부 차관님은 그녀 자신이 워킹맘인 동시에 여성의 인권과 여성의 자리를 바로 잡기 위해 온 열정을 다해 오신 분입니다. 이 전 차관님을 비롯하여 이 책에 소개된 많은 분들과 그외 여성 리더들의 땀과 눈물을 진심으로 격려해 드리고 박수를 보냅니다. 아울러 이 책을 읽고 있을 미래의 여성 리더들에게도 응원을 보냅니다. 내가 가야 할 길을 먼저 걸어간 선배가 있다는 것은 그 뒤를 이어가는 후배들에게 엄청난 힘이 됩니다. 아무리 멀고 힘든 길이라 하더라도 '함께'라면 충분히 갈 수 있습니다.

이 땅의 여성 인재들이 각자의 자리에서 타고난 가능성을 마음껏 꽃을 피우시기를! 우리 사회를 더욱 다채롭고 아름답게 만들어 주시기를!

2016년 11월

신동빈

"엄마, 내일이 첫 출근이에요."

첫 출근을 한다며 전화를 걸어왔던 딸이 직장을 다닌 지 1년이 지났다. 그 사이 딸이 변했다. 학교에 다닐 때는 공부에 치여서 여성 문제에 전혀 관심이 없었다. 아마 공부만 잘하면 '그런 문제는 내게 안 일어날 것이다.'라는 오만함도 있었을 것이다. 그러나 웬걸. 직장에 들어가니 그 회사도 하위직은 거의 여성이고 고위직은 거의 남성인 피라미드 구조였다. 여성이 사회에 나오면 딱 맞닥뜨리는 현실을 직접 겪은 것이다. 여성의 문제가 바로 자신의 문제라는 걸 깨달은 것이다. 여전히 전 세계 어디서나 '공부 잘하던 똑똑한 그 여성들은 다 어디로 갔을까?'는 공통 질문이다.

여성의 대학 진학률은 2009년 처음 남성의 대학 진학률을 앞지른 이후 계속해서 앞서고 있고 각종 고시나 시험에서도 여성 합격자가 늘고 있다. 하지만 우리나라는 영국 『이코노미스트』가 발표하는 유리천장지수에서 매년 꼴찌이다. 이런 환경에서도 유리천장을 뚫으려고 노력했던 그리고 지금도 노력하는 여성들이 계속 나오고 있다. 그녀들에게는 분명히 무언가가 있다. 공부만 중요한 것이 아니다. 불굴의 의지, 용기, 자신감, 끈기, 열정 등등의 '플러스 알파'가 있다. 또 그녀들은 사회적 정서적 재능도 뛰어나다. 무엇보다도 그런 그녀들의 플러스 알파는 전염성이 강하다는 점이다. 나는 그 강한 '전염성'이 더 널리 더 퍼지도록 이 책을 썼다. 더 많은 여성 인재에게 전염될 수 있도록.

그럼 '플러스 알파'는 어떻게 키워지는 걸까? 똑같은 결핍도 어떤 사람에게는 좌절이 돼 나락으로 떨어지게 하고 어떤 사람에게는 거름이 돼 쑥쑥 성장하게 한다. 그 차이는 바로 마인드셋, 태도, 전략에서 오는 것 같다. 나의 경험과 주변 사례를 볼 때 그랬다. 그래서 그 마인드셋, 태도, 전략을 알려주고 싶었다. 또 내가 생각하는 성공의 기준은 부와 지위만을 의미하는 것은 아니라는 점을 말하고 싶었다. 무라카미 하루키는 "가슴이 설레는 일을 하는 사람이 성공한 사람이다."라고 말했다. 절대적으로 동의한다. 진정한 성공은 자기 일을 사랑하고 마음먹은 만큼 이룬 사람이 아닐까? 나는 그렇게 생각하고 이 책을 썼다.

30년 직장생활 동안 많은 여성 리더들을 만났다. 특히 그중에서 역경을 극복하려고 노력했고 아직도 노력하는 '그녀'들의 성장 스토리를 모아보았다. 20대 때 다 못한 공부를 정말 후회 없이 한번 해보자며 40대에 다시 시작한 '그녀'도 있고 20대 때 성역할 고정 관념과 성희롱에 지치기도 했지만 지금은 글로벌 무대에서 인정받는 '그녀'의 이야기도 있다. 열정도, 용기도, 좌절과 역경을 딛고 일어선 힘도 다 강력했다. 그녀들은 죽을 때까지 성장할 것이다. 그런 '그녀'들이 그냥 좋다. 처음부터 끝까지 좌절이나 결핍이나 역경이 없으면 얼마나 좋겠느냐마는 인생살이가 어디 그런가.

시어머님은 이런 말씀을 자주 하셨다. "인생은 고_苦를 머리에 얹고 사는 거란다." 내가 육아와 직장 일에 힘들어하면 어머님은 그 말씀을 해주셨다. 인생의 지혜가 담긴 말이다. 그 말씀은 희한하게도 위로가 됐다. '아! 원래 인생이 그런 거구나. 나만 이런 게 아니구나.' 그러니 고_苦를 견디고 버텨내야 한다는 것이 시어머님 말씀이었다. 고통과 역경이 많다고 한탄하지 말자. 극복할 길도 있는 것이 인생이다.

그녀들의 이야기를 쓰면서 나도 함께 아팠고 즐거웠고 행복했다. 그래서 내게는 2016년 여름이 더 뜨거웠는지도 모른다. 바쁜 와중에도 선뜻 시간을 내주고 가슴 시린 이야기들을 들려준 모든 분에게 진심으로 감사드린다. 앞으로의 인생도 열렬히 응원한다. 아마 10년 후에는 이 책의 업그레이드판이 나올지도 모르겠다. '10년 이후' 이런 부제를 추가하고서. 그동안 만났던, 성장을 꿈꾸고 있는 그녀들의 이름을 마음속으로 불러본다.

감사합니다. 사랑합니다. 그리고 응원합니다.
2016년 11월 이복실

여성의 고위직 진출은 여전히 전 세계의 관심거리이다. 몇 달 전에도 로마와 도쿄에서 여성 시장이 취임했다는 뉴스가 크게 보도됐다. 크리스틴 라가르드 IMF 총재가 연임된 것도, 힐러리 클린턴의 선거소식도 온 세상이 집중하는 관심사였다. 사실 그녀들이 남성이었다고 해도 관심사였겠지만 여성이다 보니 더 주목을 받게된다. 세계적인 리더들 이야기가 화제에 오르면 세트로 나오는 이야기가 있다. 우리나라도 저절로 여성 대표성이 이루어지리라는 것이다.

"여성들의 고위직 진출은 걱정할 필요가 전혀 없어요. '저절로'될 거예요. 요즘 여성들이 진입하는 추세를 보면."

여태까지는 직업세계에 진입한 여성들이 없어서 여성 고위직이적었다는 해석까지 덧붙여가면서 앞으로 20~30년만 지나면 '여성들이 저절로 고위직에 오를 것이다.'라고 확신하는 사람들이 많다. 여기 주목할 것은 '저절로'이다. 정말 하위직 진출이 늘면 저절로 질적인 향상이 이루어질까? '저절로'를 듣다 보니 '티핑 포인트'

가 생각이 났다. 말콤 글래드웰은 저서 『티핑 포인트』에서 예기치 못하는 일들이 한순간에 폭발해 불가능이 현실로 점화하는 지점을 티핑 포인트라고 했다. 그 예로 허쉬 파피 신발을 들었다. 유행이 다 지난 줄 알았던 허쉬 파피 신발이 1994년 말에서 1995년 초 1년 사이에 갑자기 판매량이 10배나 증가했다. 그 사이에 무슨 일이 있었던 것일까? 허쉬 파피 신발에 티핑 포인트가 발생한 것이다. 입소문을 통한 전염성과 유행을 선도하는 매개자가 있었던 것이다.

사실 우리는 모두 불가능이 가능으로 바뀌는 내 인생의 티핑 포인트를 꿈꾸며 살고 있다. 갑자기 공부를 잘하게 되고, 갑자기 재능이 늘고, 갑자기 건강해지고, 갑자기…… 갑자기……. 그러나 말콤 글래드웰이 주장하는 티핑 포인트는 세 가지 전제조건이 있다. 첫째는 전염성. 이때 전염은 정서적 사회적 전염까지 포함한다. 둘째는 소수자의 법칙. 작지만 강력한 것이 모여 큰 효과를 불러올 수 있다는 점이다. 그리고 셋째는 이러한 변화가 극적인 어느 순간에 발생한다는 점이다.

그렇다면 여성에게도 티핑 포인트가 찾아올 수 있을까? 과거 여성이 참정권을 획득한 역사는 피의 역사인데. 저절로 유리천장이 깨져서 여성들이 자연스럽게 고위직에 올라가는 티핑 포인트가 오게 하려면 어떻게 해야 할까? 말콤 글래드웰의 책을 읽고 곰곰 생각해보았다. 내가 생각하는 전제조건이다.

014

첫째, 유리천장 깨기가 정서적·사회적 전염성을 가지려면 먼저 고정관념부터 없애야 한다. 여성에게는 수백 년 수천 년을 쌓아온 성별 고정관념이라는 장벽이 있다. 그러나 히브리대 역사학과 유발 하라리 교수는 생물학적으로 전혀 근거가 없는 것이라고 말한다. 2015년에 펴낸 저서 『사피엔스』에서 '그와 그녀'에 대해 이야기하면서 농업혁명 이후 인간 사회에 또 하나의 위계질서가 생겨난 것이라고 설명한다. 많은 사회에서 남성성과 여성성을 구별하고 있지만 생물학적으로는 근거가 없고 오히려 사회와 문화가 남성성과 여성성을 규정하고 있다는 것이다. 또 남성성을 여성성보다 높이 평가하고 있는데 그 이유가 무엇인지에 대한 수많은 이론이 있지만 설득력이 없다고 단정적으로 말하고 있다. 하지만 분명한 것은 최근에 '젠더의 역할이 커다란 혁명을 겪고 있다는 사실'이라고 결론을 내리고 있다.

물론 하라리 교수가 주장한 것처럼 생물학적 근거는 없지만 사회적으로 수천 년간 이어져온 두터운 고정관념의 벽을 극복하기는 쉬운 일이 아니다. 하지만 그 고정관념을 넘어서지 못하면 정서적 전염은 이루어지기 쉽지 않고 저절로 티핑 포인트는 오기 어렵다. 의식개선은 꼭 필요한 것이다. 그러면 우리 사회의 의식수준은 어떤지 통계를 보자.

2016년은 양성평등기본법이 제정된 지 1년 된 해이다. 법 제정 1년을 기념해 여성가족부에서 양성평등 의식조사를 했다. 우리 사회의 양성평등 수준에 대해 51.2%가 불평등하다고 인식하는 것으로 나타났다. 성별로 분석해보면 불평등하다고 생각하는 비율이 여성은 61.6%, 남성은 41.2%로 나타나 양성평등 수준에 대한 인식에서 남녀가 20%포인트 차이가 난다는 것을 알 수 있다. 그 20%포인트를 줄이는 일이 우리 사회의 숙제이다.

둘째, 육아와 가사문제가 해결되지 않는 한 저절로 티핑 포인트는 발생하기 어렵다. 우리나라 최대 규모 공기업에서 30년간 근무한 부사장 K는 이렇게 이야기한다. 정말 손색없이 우수한 여성들도 휘청할 때가 있는데 바로 '아이를 키울 때'라는 것이다. 그때는 가정, 직장, 사회에서의 특별한 조치들이 필요하다고 조언한다. 육아 문제로 생기는 경력단절현상은 여성 인재의 양적인 확대가 계속 유지되지 못하게 하고 질적 수준 향상으로 이어지기가 쉽지 않게 한다. 양성평등의 핵심은 '이즘ism'이 아니라 현실에서 '당장 오늘 아이를 키우는 문제'이다.

셋째, '유리천장이 깨지는' 티핑 포인트가 가능하려면 매개체들이 늘어야 한다. 작지만 강한 매개체들이 모여 나중에 큰 힘을 발휘하는 것이다. 내가 주장하는 '소수자의 법칙'이 효과를 발휘해야 한다. 이때의 매개체는 정부, 언론, 기업과 네트워크를 모두 포함하는 개념이다.

넷째, 역시 가장 강력한 매개체는 유리천장을 깬 여성들이다. 이 매개체는 직접 실천한 모델들이라 더 파급력이 있다. 따라 하고 싶은 전염성을 갖기 때문이다. 이 책에서 설명하는 여성들의 극복 스토리는 그래서 중요하다. 예를 들어보자. 1985년 미국에서 제럴딘 페라로가 민주당 부통령 후보로 선출됐을 때 천지개벽한 것처럼 언론에서 떠들었다. 30년이 흐른 지금은 어떤가? 여성이 대통령 후보가 돼도 그때만큼 안 놀라는 걸 보면 유리천장을 깬 여성들이 사회에 '여성도 할 수 있다'는 인식을 퍼트리는 데 크게 이바지했음을 알 수 있다.

나는 이 책을 쓰면서 티핑 포인트의 전제조건들을 갖추지 않으면 '저절로'는 절대 오지 않을 것이라는 생각이 더 굳어졌다. "책은 도끼다."라는 말이 있다. 카프카가 한 말이다. 이 책에 담긴 이야기들이 도끼가 되어 유리천장을 깨는 데 작은 금이라도 그어주길 바라는 마음으로 글을 썼다.

목차

추천사　모든 여성 인재들이 타고난 가능성을 꽃 피우시기를!
　　　　_신동빈(롯데그룹 회장) · 007

책을 내며 · 010　　**프롤로그** · 013

Mindset
1장 마인드셋 · 023

야망을 가져라 · 027
야망이 있는 여성은 멋진 여자이다 · 028 | 여성 인재 성공의 제1요소는 야망과 권력의지
이다 · 030

문지방을 넘어라 · 032
성장은 외로움을 이겨낼 때 만들어진다 · 033 | 정상에 오를 준비를 미리 해둬라 ·
035 | 무거운 짐을 충분히 짊어질 수 있다 · 038

결핍이 밑거름이다 · 040
결핍이 힘이 될 수 있다 · 043 | 탈락을 도약의 계기로 삼아라 · 044

생각하는 대로 된다 · 046
남과 비교하지 마라 · 048 | 교감하고 사랑하라 · 049 | 독서와 운동을 하라 · 051 |
좋은 사람들을 만나서 배워라 · 052 | 하고 있는 일에 의미를 부여하라 · 053

자신감을 가져라 · 054
자신있게 일할 때 성과도 높다 · 055 | 오늘 지금 그대로의 자신을 사랑하라 · 060

견디고 버텨라 · 063
그만둘 수 없다는 오기가 있어야 한다 · 064 | 어디 한번 해보자 정신이 필요하다 ·
067 | 힘들다고 주저앉지 말고 힘을 길러라 · 071 | 100번 넘어지면 101번 일어나면 된
다 · 074 | 자기 안의 유리천장을 깨라 · 077 | 고비고비 견디다 보니 오늘이 왔다 ·
080

Attitude
2장 태도 • 083

문을 두드려라 • 087
99통의 낙방통지서 앞에서도 포기는 없다 • 089

긴 호흡을 갖자 • 093
그때 포기했더라면 오늘의 '나'는 없다 • 093 | 실력을 갖췄다면 언제든 승진할 수 있다 • 096 | 넘어야 할 산이 많으니 체력과 건강을 챙기자 • 097

반드시 실행한다 • 099
마음먹은 것을 이루고 싶다면 당장 하라 • 100 | 성장하기를 멈추지 않는다 • 105 | 자기완성을 위해 매진하라 • 109 | 공부하는 데 늦은 나이는 없다 • 112 | 지금 있는 곳에서 주인이 되어라 • 115

굴하지 마라 • 118
불이익을 순순히 받아들이지 마라 • 118 | 사전에서 '안 된다'를 지워라 • 122 | 열정이 있다면 못 할 일은 없다 • 127 | 여성 인재도 최고의 자리까지 올라갈 수 있다 • 131

멀리 보고 가라 • 135
내가 하고 싶은 일을 찾자 • 137 | 우물 안에 있지 말고 바다를 보라 • 139 | 목표가 있다면 용감하게 도전해보자 • 140

내 안의 '나'를 깨워라 • 144
준비된 사람이 기회를 잡는다 • 144 | 여성이라고 못할 이유는 없다 • 149

변화에 기꺼이 동참한다 • 152
안주하지 말고 도전하라 • 152 | 내 인생의 CEO는 '나'이다 • 154 | 새로운 일을 해야 지루하지 않다 • 158

Strategy
3장 전략 • **163**

네트워크를 만들어라 • **168**
좋은 인연을 만들어라 • **168** | 멘토를 두고 조언을 구하라 • **172** | 힘을 합치면 천하무적이다 • **177** | 여성이 여성을 도와라 • **178** | 사다리를 차버리지 마라 • **181**

어떻게 소통할 것인가 • **184**
말을 잘하면 소통을 잘할까 • **186** | 말을 많이 하면 더 잘 통할까 • **187** | 술과 밥을 많이 먹으면 소통일까 • **188** | 내 의사만 정확히 전달하면 될까 • **189** | 세게 나오면 될까 • **190** | 친화력이 소통일까 • **192** | 반말이 더 잘 통할까 • **193** | 복도 천사가 돼야 할까 • **193** | 일이 더 중요할까 • **194** | 소통은 윗사람만의 고민일까 • **195**

어떻게 리드할 것인가 • **197**
성공하려면 베풀어라 • **197** | 나눔과 배려에는 크고 작음이 없다 • **200** | 높은 자리에 오를수록 나누고 베풀어야 한다 • **203**

어떻게 균형을 유지할 것인가 • **205**
일과 가정 • **206** | 권한과 책임 • **209** | 자신감과 겸손 • **211** | 감성과 이성 • **212** | 여성성과 남성성 • **214** | 채찍과 당근 • **216** | 외면과 내면 • **218** | '예스'와 '노' • **220** | 오프라인과 온라인 • **221** | 기브 앤 테이크 • **222**

어떻게 직장에서 현명하게 일할까 • **224**
부하로서 제대로 일하는가 • **224** | 의사결정 능력을 갖춰라 • **226** | 일에 책임을 지자 • **228** | 공을 독차지하지 마라 • **230** | 공사구별을 하자 • **232** | 소문의 종착역이 되자 • **235** | 대화에 필터가 필요하다 • **238** | 분노와 감정을 컨트롤하라 • **240** | 술보다는 능력으로 경쟁하라 • **242**

어떻게 아이들을 키울 것인가 • **246**
가정, 직장, 정부, 사회의 노력이 필요하다 • **250** | 워킹맘의 영원한 숙제는 일과 가정의 균형이다 • **252**

가족은 모든 에너지의 원천이다 • 254

아이들과 떨어져 있는 만큼 더 열심히 하자 • 254 | 아버지의 적극적 지지는 유리천장을 뛰어넘게 한다 • 256 | 무한 긍정과 자신감은 부모님의 무조건적인 믿음에서 나온다 • 258 | 시어머니의 전폭적인 지원은 최고의 응원이다 • 260 | 남편은 인생의 동반자이자 변치 않는 든든한 우군이다 • 262

새로운 변화와 도전을 준비하라 • 265

언젠가는 퇴직을 하게 된다 • 266 | 떠나야 할 때를 아는 사람은 아름답다 • 268

에필로그 • 271
참고문헌 • 276

1장

Mindset

마인드셋

유럽을 여행한 사람이라면 이지젯Easy Jet을 모르는 사람이 없다. 타 항공사보다 엄청나게 가격이 싸기 때문이다. 이지젯은 1995년 영국에서 창업한 저가항공사이다. 식음료 유료화와 인터넷 예약 같은 당시로서는 획기적인 방법으로 저가 항공의 모델을 선보였다. 창립한 지 20년 동안 215대 항공기로 134개 도시에 취항하는 등 괄목할 만한 성장을 했다. 전 세계적으로도 10번째 큰 항공사가 됐다.

2015년 10월 이지젯 CEO인 캐롤린 맥콜Carolyn McCall은 여성 파일럿 확대계획을 발표했다. 그녀는 최근 언론 인터뷰에서 발표 당시에는 5%에 불과했던 여성 파일럿 비율이 1년이 흐른 지금 6%가 되었고 조만간 두 배로 늘게 될 것이라고 말했다. 이러한 CEO 메시지는 이지젯 잡지 첫 페이지에 커다랗게 실려 있다. 이 글을 읽고 사람들이 토론을 벌였다. 찬성하는 사람들은 그동안 우리 사회에는 여성들이 파일럿이 될 수 없다는 편견과 고정관념이 있었으니 여성 채용을 적극적으로 하겠다는 CEO 메시지는 여성들에게 큰 힘이 될 것이라고 말했다. 반면 부정적인 의견을 이야기하며 반대하는 사람들도 있었다. 능력으로 승부하는 경쟁시대에 누가 여성들더러 파일럿을 하지 말라고 했느냐며 굳이 여성 파일럿을 억지로 늘이려고 한다면 수준 낮은 파일럿을 많이 채용할 수도 있다고 우려했다. 왜 굳이 여성 확대 계획을 발표하는지 그 이유를 모르겠다는 것이다.

그렇다면 왜 여성 파일럿이 적을까? 여성들이 못해서 그럴까? 안 해서 그럴까? 그동안 여성파일럿 롤 모델이 없었던 게 여성들에게는 도전을 망설이게 하는 커다란 장벽이었을 것이다. 30년 전 여성의 사회참여가 적었던 시절에 직장생활을 시작해 두 딸을 키워낸 엄마의 입장으로도 '안 해서 그렇다'는 너무나 명백했다. 미국의 신경정신과 의사인 루안 브리젠딘은 2006년에 펴낸 본인의 저서 『여자의 뇌 여자의 발견』에서 수학이나 과학 분야에서 일하는 여자의 수가 적다는 것이 여자의 능력이 뒤떨어지는 것을 의미하지는 않는다고 주장했다. 지금까지 안 해서 그렇다면 이제 하면 되는 것이다. 고정관념이나 역경이 있을수록, 롤 모델이 없을수록, 나의 능력을 개발하고 성장시키려는 힘이 더 필요함을 보여준다.

그러면 세계적으로 우뚝 선 여성들의 성장요인을 한 번 생각해보자. 그녀들은 무엇이 남과 달랐을까? 조사를 하다 보니 공통 요소가 많았다. 실력, 재능, 동기, 자신감, 끈기, 용기, 도전, 긍정, 균형 등등 이루 다 셀 수도 없다. 그중 힐러리 클린턴, 앙겔라 메르켈, 크리스틴 라가르드, 오프라 윈프리의 대표적인 장점만 한 번 나열해보자.

힐러리 클린턴	앙겔라 메르켈	크리스틴 라가르드	오프라 윈프리
(미국 45대 대통령 후보)	(독일 총리)	(IMF 총재)	(미국 토크쇼의 여왕)
도전, 인내, 냉철	끈기, 배려 포용	지성, 자신감, 균형	용기, 열정, 강인함

그녀들이 가지고 있는 마인드와 태도는 복합적이어서 하나씩 하나씩 분리하기 어려웠다. 야망, 자신감, 소통, 용기…… 그런 게 다 한 덩어리로 뭉쳐 다니는 것 같다. 야망 있는 그녀에게는 용기도 있다. 용기 있는 그녀는 열정도 있다. 열정적인 그녀는 실천력도 있다. 또 그녀들에게서는 '남성과 특별히 다른 점'이나 '여성이니까' 하는 부분들이 전혀 보이지 않는다.

성장은 야망, 자신감, 긍정으로 무장된 마인드셋mindset, 실행, 도전, 끈기 같은 태도attitude, 그리고 실제 어떻게 일을 한 것인지에 대한 전략strategy 세 가지로 만들어진다. 나는 이 세 가지 요인들을 '성장 메이커growth-maker'라고 부르고 싶다. 성장 메이커의 출발점은 마인드셋이며 태도는 마인드셋을 실천하는 과정이다. 야망, 자신감, 긍정 마인드가 내면의 힘이라고 한다면 실행, 도전, 끈기와 같은 삶을 실천하는 자세나 태도는 외면의 힘을 의미한다. 마인드셋과 태도가 서로 조화를 이룰 때 나의 성장은 점점 커지게 될 것이다. 그러한 취지에서 1장에서는 마인드셋, 2장에서는 태도, 마지막 3장에서는 전략에 관해 썼다.

:: 야망을 가져라

1년 전 여름 불볕더위가 기승을 부리던 어느 날 딸이 첫 출근을 했다. 대학 졸업 후 이런저런 시행착오를 거치며 치열한 경쟁을 뚫고 들어간 직장이었다. 그런 딸을 보니 30년 전 나의 첫 출근이 생각이 났다. 30년 전 나는 어떤 마음으로 일을 시작했을까? 그런데 내가 직장생활을 시작한 30년 전이나 지금이나 사회는 별반 달라진 것은 없어 보인다. 페이스북 COO인 셰릴 샌드버그는 저서 『린 인』에서 이렇게 말했다.

"우리 세대 여성들이 지나치게 순진했다면 다음 세대 여성들은 지나치게 실용적인지도 모른다. 우리 세대 여성들이 현실을 너무 몰랐다면 요즘 여성들은 현실을 너무 잘 안다." 샌드버그가 말하는 다음 세대의 여성들은 그들의 어머니가 이것저것 전부 해보려고 애쓰다가 결국 항복하고 사회적 목표를 포기하는 모습을 지켜보며 성장했다. 샌드버그는 계속 이어간다.

"요즘 여성들은 동등한 기회가 주어지더라도 직업에서 경력을 쌓는 것이 전부가 아님을 깨달은 첫 번째 세대이다." 그래서 샌드버그의 첫 번째 조언은 (그래도 포기하지 말고) "야망을 가져라!"이다. 샌드버그는 맥킨지의 보고서를 인용하며 야망의 차이를 설명했다. 2012년도 선도 기업에서 일하는 직원 4,000명 이상을 조사한 「맥킨지 보고서」에 따르면 직장에서 최고위직에 오르고 싶다고 대답한 남성은 전체의 36%인 데 비해 여성은 18%에 불과했다.

야망이 있는 여성은 멋진 여자이다

이런 사례는 내 주위에도 널려 있다. 여성들은 자기 한계를 자꾸 긋는다. 예를 들면 이렇다. 여자들은 '내 앞에 사장 된 여성이 없는데 되겠어?'라고 생각하고 스스로를 위축시킨다. 반면 남자들은 '우리 동기 중에서 꼭 사장이 나와야 해.' 그런 생각으로 주위에서 밀어주고 본인은 벌써 사장이 된 듯이 행동한다. 사람은 누구나 일을 한다. 집안일이든, 회사 일이든, 사업이든. 어떤 일을 하든지 이왕 시작한 이상 '야망'은 내 안의 유리천장을 없애기 위해 꼭 필요하다.

미국 캘리포니아대 심리학과의 딘 시몬트 교수는 "야망은 인류를 행동할 수 있게 하는 추진력이며 인류는 야망을 품음으로써 더 많은 자원을 취하기 위한 힘을 가지게 된다"고 말했다. 경제학자 슘페터도 『기업가 정신』이란 책에서 "기업가에게 필요한 것은 혁신과 혁신 그리고 혁신이다. 혁신은 끊임없는 진취적 자세에서 비롯되며 진취성은 야망에서 비롯된다. 야망은 곧 모험을 가져오고 모험은 곧 혁신을 가져다준다"고 말했다. 결국 혁신이란 것도 야망이 있어야 가능한 것이다. 그런데 왜 여성은 스스로 야망을 가지면 안 된다는 생각을 하는 걸까?

"어려서부터 그렇게 욕심이 많더니 결국에는 성공했구나."

친척 모임에 가면 어르신들이 내게 하는 말이다. 여자가 차관까지 승진했다는 것은 그분들이 볼 때는 엄청난 성공이다. 그런데 앞부분이 좀 그렇다. "공부를 열심히 하더니."라든가 "야망이 있더니." 같은 다른 좋은 표현들이 많이 있는데 굳이 왜 "욕심이 많더니."라는 말을 쓰셨을까? 아마 나 말고 다른 여성도 야망을 가질 때 욕심이 많다는 식의 느낌이 불편한 그런 말을 들었을 것이다. 그리고 그 점 때문에 많은 여성이 야망 갖기를 포기하거나 숨기는 것인지도 모르겠다. 똑같은 상황에서 남성에게는 욕심이란 말보다는 야망이라는 말을 많이 쓰는데 말이다.

욕심 많은 여자, 야망 있는 남자.

나는 욕심이 많다는 이야기를 여기저기서 들었다. 대학교 선배 언니도 한마디 했다. "너, 너무 욕심 많아." 내가 답했다. "언니, 그래서 다른 분들에게 피해 준 거 없잖아요." 욕심을 가진 것을 창피하게 생각하지 말자. 야망을 가진 것을 창피하게 생각하지 말자. 공부든 명예든 지위이든, 긍정적인 욕심과 야망을 가질 때 남자들의 리그에서 문지방을 넘을 수 있기 때문이다.

여성 인재 성공의 제1요소는 야망과 권력의지이다

야망은 중요하다. 인생은 결국 그 야망의 크기를 넘어서기 어렵기 때문이다. 공자 역시 "중간에 오르고자 하면 반드시 높은 곳을 바라봐야 하고 높은 곳에 오르고자 하면 그보다 더 높은 곳을 바라봐야 한다欲得其中 必求其上 欲得其上 必求上上."고 말했다. 지금 중간 정도만 오르려고 하더라도 더 높은 곳을 바라봐야 한다는 것이다. 더 높은 곳을 바라본다는 것은 더 큰 야망을 갖는다는 의미이다.

그런데 사실 나 역시 사회생활을 하면서 '야망 있는 여자'로 찍힐까 봐 소심해한 적도 있었다. 이제 와 생각해보니 남들이 내 인생을 대신 살아주는 것도 아닌데 '야망 있는 여자'로 보일까 봐 일부러 목소리 내지 않고 더 큰 목표를 세우지 못하고 전진하지 못했던 부분들이 지금도 아쉽다. 대체로 맹렬하게 뛰어나갔기에 큰 후회는 없지만. 그래서 나는 첫 출근을 앞둔 딸에게 야망을 갖고 열심히 일해보라고 신신당부했고 응원했다. 주변에서 보더라도 각 분야에서 두드러진 활동을 하는 여성들 모두 야망과 성취욕이 있었다.

"엄마는 남들이 여성에게 그어놓은 한계를 무시하고 넘어서려고 노력해왔어. 너 역시 한계 따윈 없다고 생각하고 큰 야망을 갖고 더 높이 멀리 가보렴."

내 딸들과 내 딸들의 여성 선후배들이 일하는 곳에서는 더 이상 유리천장 같은 말은 있지도, 사용되지도 않는 사어死語가 되기를 바란다. 올해 여름 나는 경기도 여성가족정책연구원에서 개설한 '젠더아카데미'에 강의를 다녀왔다. 끝나고 참석한 분들과 간담회 시간이 있었다. 오랫동안 정치계에 몸담은 한 남성이 말한다. "그동안 수많은 여성을 지켜보았는데 여성들이 성공하기 위한 제1의 요소는 권력의지예요. 권력의지가 없으면 제풀에 다 나가떨어져요." 아직은 여성들이 출세하기 어려운 세상이니 강한 권력의지가 없으면 앞으로 나아갈 수 없다는 것이다. 그는 한마디를 덧붙였다. "문제는 능력은 안되면서 권력의지만 있는 경우이지요."

수년간 여성 리더들에 대한 관찰 경험에서 우러나온 생생한 충고이다. 더구나 오랫동안 정치 현장에서 여성들의 좌절과 성공을 보아왔으니 더 설득력 있게 들린다. 그의 지적에 공감한다. 나도 첫 출근하는 딸에게 맨 먼저 강조한 말은 "야망을 가져라"였다. 아직은 소수자인 여성들이 어려움을 딛고 앞으로 나가기 위해서는 야망이라는 두 글자는 꼭 필요하다.

:: 문지방을 넘어라

나는 작년에 숙명여대에서 학생들을 가르쳤다. 1, 2학년 때는 생기발랄하던 그녀들이 3학년이 되면 얼굴에 그림자가 지기 시작했다. 얼굴만 봐도 고학년인 줄 알 정도이다. 그게 다 취업 걱정 때문이다. 요즘 청년세대들은 우리 때보다 더 힘든 세상을 살고 있다. 스펙 관리하랴, 토익 공부하랴, 학교 공부하랴, 아르바이트하랴 정신이 없다.

취업하기 전까지는 결혼하지 않겠다는 젊은이들이 늘다 보니 자연스레 결혼연령도 늘어난다. 더 큰 변화는 여학생들의 취업관이다. 수업시간에 물어보았다. "사회에 나가서 직업을 가지고 싶어요?" 거의 99%의 대답은 "네"이다. 1%의 "아니요"의 이유가 궁금할 정도이다. 이 정도라면 거의 모든 여학생이 취업을 원한다고 해도 과언이 아니다.

이러한 변화는 통계조사에서도 분명해진다. 2016년 통계청에서 발표한 「통계로 보는 여성의 삶」에 의하면 2015년 여성취업에 대해서 긍정적으로 생각하는 여성은 88.7%로 남성 81.9%보다 6.8%p 높게 나타났으며 여성의 절반이 '가사와 관계없이' 직업을 가져야 한다고 생각하고 있었다. 이런 생각은 남성보다 3.2%포인트 높았다.

이런 학생들의 열망은 캠퍼스 곳곳에 설치된 게시판에서도 드러난다. 가을이 되면 취업에 성공한 학생들의 이름으로 게시판이 뒤범벅되는 것이다. 게시판의 취업소식은 취업에 대한 학생들의 열망을 그대로 보여주고 있다. 각종 고시부터 로스쿨 합격자와 교원 임용시험 합격자까지 그 종류도 정말 다양하다.

성장은 외로움을 이겨낼 때 만들어진다

어느 날 학교 앞에서 나래를 우연히 만났다. 나래는 나의 제자다. "어머나, 교수님, 지금 어디 가세요? 그렇지 않아도 드릴 말씀이 있었는데요." 그녀가 어찌 지내나 궁금했는데 갑자기 만나니 반가웠다. 우연한 반가운 만남, 즐거움이 갑절이다. 우리는 인근 카페에 갔다. "사실은 제가 휴학을 하려고요. 이제 3학년이 되니 취업준비를 해야 해서요."

"아니, 취업공부를 위해 휴학을?"

"요즘 다 그래요. 우선은 한 학기 해보려고요." 나래는 PD가 되고 싶어 한다. 처음에 그녀의 과제물을 읽어보고 깜짝 놀랐다. 글의 깊이도 있고 문장력도 좋았다. 그렇게 똑똑하고 당당한 그녀지만 취업 관문 앞에서는 한없이 작아지고 있었다. 나는 그녀의 어두운 얼굴에 속이 상해 할 수 있는 한 최대한 격려했다.

"나래야, 너는 할 수 있어. 너같이 우수한 학생이 취업이 안 되는 건 말도 안 돼." 또 덧붙였다. "열심히 해서 일단 문지방만 넘어. 그러면 네 분야에서 분명히 성공할 거야."

요즘 모임에서 가장 축하를 많이 받는 게 자녀의 취업과 결혼이다. 불황과 저성장의 여파는 청년들의 취업에 직격탄을 날리고 있다. 이런 상황에서 먼 미래의 성공을 바라보는 것은 고사하고 당장 일을 잡기도 어렵고 벅차다. 먼 미래의 성공은 뭐든 시작해야 가능한 일인데 시작조차도 어려운 게 현실이기 때문이다. 일단 문지방을 넘어야 한다는 게 나의 조언이다. 그러려면 실력을 갖추어야 하고 실력을 갖추려면 끈기를 가지고 집중해서 한 분야를 오래 파야 한다. 모두 다 하나의 과정으로 연결돼 있다. 시간도 오래 걸릴 수 있으니 준비하는 과정 자체가 외롭고 또 외롭다.

하지만 젊은 시절의 외로움의 대가는 인생 전반에 영향을 미친다. 친구도 못 만나고 때로는 이 세상의 즐거움을 일정 부분 포기해야 한다. 친구들 만나서 놀 것 다 놀면서 목표를 성취할 수 있을까? 그건 실현 가능성이 전혀 없는 헛꿈일 뿐이다. 외로운 시간을 가져라. 젊은 시절의 외로움을 이겨낸 경험은 인생 최고의 투자이고 평생의 자산이 된다.

정상에 오를 준비를 미리 해둬라

"일에 대한 실적이 같다고 하면 '나는 남자들에게 월급을 더 줄 것이다.'라는 상사의 말을 들은 적이 있었죠. 그 이유가 기가 막혔어요. 남자는 가장이기 때문이래요. 일반적 사회 분위기가 그래요. 실력으로 인정받고 파트에 헤드가 되고 실력을 키우기 위해서는 업무 성과와 공부밖에 없었어요."

우리FIS CEO를 지낸 권숙교 김앤장 상근고문이 외국계 씨티은행을 다닐 때 경험했던 일이다. 그녀는 오직 실력으로 인정받고자 더욱더 자신의 성장에 많은 노력을 기울였다. 특히 일찍부터 IT와 금융을 융합한 새로운 분야를 개척했다.

"대학교에 다니면서 머지않은 미래에 IT의 기초인 수학이 뒷받침돼야 할 것이라는 생각이 들었어요."

고등학교 때 막연히 수학이 좋아 전공을 수학으로 결정했을 때만 해도 수학이 그녀의 인생에 그런 영향을 미칠 거라는 생각은 안 했다. 수학을 공부하면서 응용수학으로서 컴퓨터공학의 기초와 프로그래밍을 공부했다. 금융권에서 일하는 사람이 수학을 전공한

035

것이 낯설게 느껴지지만 금융업은 수학을 기반으로 다양한 학문을 결합한 역량이 필요한 직종이다. 권 고문은 시티은행 서울지점 부지점장과 기업금융 CIO를 거쳐 2002년 우리금융으로 합류했고 2010년 우리FIS 대표이사로 우리금융 내 최초 여성 CEO가 됐다. 이어서 한화투자증권 상근고문을 거쳐 지금은 김앤장 상근고문으로 재직하고 있다.

내가 권 고문을 알게 된 것은 권 대표가 우리FIS 대표를 할 때였다. 주요 업무는 우리금융그룹의 전산망을 구축하는 것이었다. 권 고문은 업무뿐만 아니라 우리FIS가 가족친화기업으로 자리매김하는 데도 힘을 쏟았다. 여성 CEO의 장점이 발휘된 것이다. 당시에 가족친화기업을 확대하기 위해 머리를 싸매고 있었던 나에게 아이디어도 제공했다.

"공중파 방송과 함께 가족친화기업 시상을 시작해보세요."

여성가족부의 사업은 사회의식 개선을 주도하는 것이 많아 언론의 도움이 절대적이다. 보도되지 않으면 어디서 무얼 하고 있는지도 모른다. 권 대표의 아이디어가 좋아 당장 추진했다. KBS를 찾아가 가족친화기업 시상을 공동으로 하자고 제안했고 이런저런 우여곡절 끝에 KBS와 공동으로 가족친화기업 시상식을 개최하게 됐다. 지금도 그 사업을 부처에서 하는지 잘 모르겠지만 그 행사를 볼 때마다 권 고문이 생각이 났다.

그녀가 여성정책에 관심 두게 된 데는 사연이 있었다. 그녀가 대학을 졸업한 1980년은 대부분의 여성이 결혼을 최우선으로 생각하던 시절이다. 기업에서도 여성의 위치를 사무 보조원으로만 여기던 그때 권 고문은 프로그래머라는 당시에는 생소한 직업으로 직장생활을 시작했으나 역시 여성 직원은 남성 직원의 보조자에 불과했다. 업무성과를 내 "나도 우수해요."라고 적극적으로 외치지 않으면 아무도 알아주지 않았다.

다들 '조금 일하다가 결혼하겠지.'라는 표정으로 바라보았지만 어렵게 들어간 직장을 그렇게 그만둘 수는 없었다. 남들이 기피하는 개발 프로젝트에 자원해 적극 참여했고 어떻게든 성과를 내기 위해 노력했다. 그러한 피나는 노력으로 어느 정도 인정을 받았고 보수적인 우리나라 금융권 남성들만의 리그에서 살아남을 수 있었다. 그때 IT와 금융의 융합 필요를 느껴 MBA를 획득했다. 프로그래머보다 더 넓은 곳에서의 경영을 꿈꾼 것이다.

그녀에게도 아쉬운 점이 있다. 의외의 대답이다. "해외에서의 공부 경험이 없었던 점이 아쉬워요. 제가 용기가 부족했어요." "다른 세계를 경험했더라면 하는 아쉬움이 들긴 해요." 더 넓은 세계에서 치열하게 공부해볼 것을, 왜 그때 용기를 못 냈을까? 하지만 그녀는 한 번 결정하면 뒤를 돌아보지 않는 성격이라 후회는 없는 것 같다.

그녀가 씨티은행을 다니다가 46세에 우리금융으로 옮겼을 때 회사 환경은 180도로 달랐다. 주변은 온통 50대 남성 임원들 일색이었고 견제가 하나씩 들어왔다. '과연 저 여자가 몇 개월을 버틸 수 있을까?'라는 표정들이었다. 하지만 몇 개월이 아니라 11년을 버티고 우리FIS 대표로 발탁되기까지 했으니, 참 힘든 세월이었다. 권 고문은 "운이 왔을 때 기회를 잡으려면 준비해야 해요. 미리미리 나만의 별책부록을 만들어두세요."라고 조언한다.

무거운 짐을 충분히 짊어질 수 있다

"엄마 세대는 행복한 세대야. 졸업생 중에 노는 사람들이 없었잖아."

지금 로스쿨 졸업반인 둘째 딸이 하는 말이다.

'정말 그럴까?' 예나 지금이나 여학생들이 번듯하게 취업하는 것은 쉬운 일은 아니었다. 지금은 취업난 때문에 힘들지만 그때도 마찬가지로 힘들었다. 가정주부가 되는 것이 1순위, 직장이 2순위인 사회의 고정관념도 문제지만 여성을 대놓고 뽑는 직장도 많지 않았다. 내가 대학에 다닐 때 우리 과는 정원 40명 중 여학생이 네 명이었다. 정원의 10%를 차지했다. 나를 포함한 그 여학생들은 졸업한 지 32년이 지나 벌써 50세를 훨씬 넘긴 초로의 나이가 됐지만 지금도 다 경제활동을 하고 있다.

1984년에 졸업한 전형적인 7080세대에서 100% 취업을 한 우리 과의 여학생들은 아주 예외적인 경우이다. 내가 대학시절에 본 그녀들은 도서관에서 거의 살다시피 했다. 반드시 취직하겠다는 분명한 목표가 있었다. 그리고 죽도록 노력했다. 프리드리히 니체는 『짜라투스트라는 이렇게 말했다』에서 포기하지 말라고 이렇게 당부한다.

"어째서 그대들은 오전엔 긍지를 지녔다가 저녁엔 체념하는가. 삶은 감당하기 어렵다. 그러나 유약하게 굴지 마라. 그대들 모두 무거운 짐도 잘 짊어질 수 있는 나귀들이다."

취업 걱정, 승진 걱정에 좌절하고 있는 모든 분께 니체의 이 말을 꼭 전하고 싶다.

"그대는 무거운 짐도 짊어질 수 있는 나귀들이다."

:: 결핍이 밑거름이다

    가끔 일이 힘들고 생활이 고달플 때 어린 시절 친구 은미가 생각이 난다. 초등학교 6학년 졸업을 앞두고 갑자기 담임선생님께서 은미와 또 한 명(그 친구 이름은 생각나지 않는다)을 앞으로 부르셨다. 그리고는 은미가 가정형편 때문에 중학교 진학을 못하고 공장에 일하러 간다고 말씀하셨다. 갑자기 반 분위기가 숙연해졌다. 은미는 공부도 잘하고 말이 없던 친구였다.

    선생님은 격려해주기 위해 앞으로 부르셨지만 자존심이 강했던 은미는 부끄러웠나 보다. 얼굴이 빨개지고 눈물이 글썽글썽했다. 은미는 내 친구지만 그 시절 대한민국 여성의 삶을 고스란히 대변한다. 그 시절의 많은 여성들은 실제로 은미와 같은 삶을 살았기 때문이다. 지금 은미는 어떻게 살고 있을까? 아직도 그녀의 얼굴이 생각난다. 동생들을 위해 공장에 갔지만 그녀가 성장의 끈을 놓지 말고 살기를 바라는 마음 가득하다. 그녀에게 결핍은 어떤 동기를

040

나는 죽을 때까지 성장하고 싶다

부여했을까? 아니면 좌절로 끝나버렸을까?

다행히 나는 이 책을 쓰면서 은미와 같은 많은 여성들이 주어진 결핍을 극복하고 반전을 이끌어낸 사례를 많이 보았다. 그때마다 나는 마치 내 친구 은미를 만난 것처럼 심장이 쿵쾅거렸고 기뻤고 또 감동했다. 눈물이 나기도 했다. 말콤 글래드웰은 저서 『다윗과 골리앗』에서 약간의 결핍과 좌절은 인내와 동기부여를 주어 성공의 밑거름이 될 수 있다고 주장하면서 여러 가지 사례를 들었다. 다음 사례는 그중 하나다.

1960년대 초 마빈 아이젠슈타트라는 심리학자는 창의성이 뛰어난 사람들을 연구하는 프로젝트를 시작했다. 그는 통계를 분석하면서 이상한 사실을 발견했다. 성공했다고 여겨지는 많은 사람이 어린 시절에 부모를 여읜 것이다. 그는 증거를 더 찾기 위해 브리태니커와 아메리카나 백과사전에서 반 페이지 이상을 차지하는 모든 사람의 명단을 작성했다. 그것이 성취를 나타내는 기준이라고 생각했기 때문이다. 699명으로 추려졌고 699명의 생애 정보를 체계적으로 분석했다.

"분석하는 데 10년이 걸렸어요."

믿을 만한 생애 정보를 찾아낼 수 있었던 573명 중 4분의 1은 10세가 되기 전에 적어도 부모 중 한 명을 잃었다. 34.5%는 15세가 될 때까지, 45%는 20세가 될 때까지 적어도 부모 한 명이 사망했다. 기대수명이 훨씬 낮았던 20세기 이전이라고 해도 그것은 놀라운 수치였다. 하지만 아이젠슈타트는 이것은 부모가 없으면 자녀가 성공할 수 있다는 의미가 아니라고 강조한다. 부모는 자녀의 삶에서 필수적이지만 결핍에서 새로운 힘이 생길 수도 있다는 뜻이다. 아이젠슈타트는 이렇게 말한다.

"부모가 없이 성장한다는 게 좋다는 말이 아니에요. 성공한 사람 중에 '부모 없이 큰 사람'이 많다는 것은 경우에 따라서는 결핍에서 용기나 미덕이 생길 수 있음을 말해주는 거죠."

정신과 의사 펠릭스 브라운은 죄수들이 어렸을 때 부모를 잃었을 확률이 두세 배에 달한다는 사실을 발견했다. 우연의 일치라고 하기에는 큰 차이이다. 그만큼 부모가 자녀에게 주는 영향은 긍정적인 방향이든 거꾸로이든 큰 것 같다. 똑같이 부모를 잃었지만 브리태니커 사전에 나오는 위인도 있고 감옥에 가는 죄수도 있다. 결핍도 결핍의 정도와 본인의 목표의식 등 상황에 따라 다르게 작용할 수 있다는 거다.

전신애 전 차관보는 저서 『너는 99%의 가능성이다』에서 한국여성의 우수함의 원인이 '차별을 받았기 때문'이라고 말한다. 그녀는 1971년에 미국 유학을 갔고, 졸업 후에 미국에 정착해서 40년 이상 살았다. 2001년부터 2009년까지 미국 연방 노동부 여성국 차관보를 역임했다. 최초의 동양계 여성각료였다. 그녀는 미국으로 이민 온 한국여성이 한국남성보다 훨씬 쉽게 적응하는데 그 이유가 한국여성은 차별대우를 극복하면서 인내력을 키웠기 때문이라고 했다. 남아선호사상이 심한 한국에서 쉽게 기회가 주어진 남성들보다 어려움을 극복하는 지구력과 끈기가 있었기 때문이다.

결핍이 힘이 될 수 있다

나에게도 결핍은 동기가 됐다. 대학입시에서 실패한 것이다. 본고사가 있었던 시절 대학입시는 만만치 않았다. 정말 억울하게도 본고사제도는 내가 대학 들어간 다음 해부터 없어졌다. 인생에서 처음맛보는 실패였다. 대학에 떨어진다는 게 사춘기 소녀에게는 엄청난좌절과 실망이었다. 아픔은 깊고도 오래갔다. 종일 울고 또 울다가후기지원을 통해 대학에 진학했다. 좌절을 극복하고 다시 일어설 수있었던 힘은 이대로 쓰러질 수만은 없다는 자존감이었던 것 같다.대학교 3학년 때 내가 행정고시에 도전하겠다고 했을 때 도전하는것 자체가 주변에서는 뉴스거리였다. 그 당시 행정고시 여자 합격자는 역대 딱 한 명이었다. 다행히도 시험과목들이 사회과학을 좋아하는 나에게 잘 맞았다. 공부를 하면서도 실력이 향상되는 것을 느꼈다. 대학입시에 실패한 결핍이 나에게는 대신 '다른 사람이 꿈꾸지않았던 일'에 도전하는 힘을 주었을 것이다.

2016년 1월 『뉴욕타임스』는 미스티 코플랜드의 이야기를 대서특필했다. 아프리카계 여성으로는 최초로 아메리칸 발레시어터의

수석 발레리나가 된 미스티 코플랜드는 미국 발레계에서 큰 화제
가 됐다. 그녀는 흙수저가 아니라 수저 없이 태어났다고 해도 과
언이 아니다. 결핍에 랭킹을 매긴다면 아마 올림픽 금메달 감이다.
그녀는 미혼모인 어머니에게 태어나 임대주택에 살면서 발레리나
의 꿈을 키운다. 남들이 볼 때 도저히 발레리나가 될 수 없는 상황
인데도 그녀는 달랐다.

　남들이 "흑인이라서 안 돼." "뚱뚱해서 안 돼." "키가 작아서 안
돼."라고들 이야기했지만 그녀는 그렇게 생각하지 않았다. 미스티
코플랜드는 긍정의 힘과 끊임없는 노력으로 자신을 증명해 보였
다. 그녀는 인터뷰할 때마다 강조한다. "타인의 눈으로 자신을 규
정하지 마십시오." 힘들어도 조롱해도 발레를 포기하지 않고 열심
히 노력하다 보니 그녀는 어느새 아메리칸 발레시어터 최초의 아
프리카계 수석 발레리나가 돼 있었다.

탈락을 도약의 계기로 삼아라

"결핍이 오늘의 나를 만들었어요."

　김연선 인터콘티넨탈 상무가 2014년 언론과 인터뷰에서 한 말
이다. 그녀는 2013년 인터콘티넨탈 호텔 최초의 한국인 총지배인
으로 발탁됐다. 1988년 인터콘티넨탈 호텔 공채시험에 합격해 프

런트 데스크에서 평직원으로 일을 시작한 이후 총지배인까지 간 것이다. 하지만 그녀는 총지배인이 되기까지 가난과 성차별의 난관을 극복해야 했다. 가정형편 때문에 고등학교 진학을 반대하는 아버지를 어머니가 간신히 설득해 고등학교에 진학할 수 있을 정도였으니 대학은 언감생심이었다.

그녀는 주말에 아르바이트 해 생활비를 벌고 학비는 장학금을 받아가며 2년제 전문대를 간신히 졸업했다. 하지만 배움에 대한 갈망은 영어 공부에 매진하게 했고 결국 뛰어난 영어실력을 갖추게 됐다. 그리고 인터콘티넨탈 호텔에 응시한 결과 당당하게 합격했다. 호텔리어로서 실력을 인정받고 승승장구하던 김 상무에게도 좌절이 있었다. 예상치 못한 승진 탈락. 하지만 잃은 것만 있는 것은 아니었다. 얻은 것도 있었다. 승진 탈락이 도약의 계기를 만들어주었다고 회고한다.

"승진에서 탈락하니 실망도 컸지만 나 스스로를 돌아보게 됐어요."

초심을 잃지 말자고 다시 허리끈을 조였고 부족한 부분을 메꾸기 위해 대학원에 진학해서 배움에 몰두했다. 포기보다는 갑절의 노력을 선택한 것이다. 그렇게 최선을 다한다는 각오로 노력하다 보니 입사한 지 25년 만에 총지배인 지위까지 올라왔다. 뜨거운 열정과 끊임없는 노력 앞에서 학벌과 성차별의 장벽이 무너져버린 것이다.

:: 생각하는 대로 된다

"나는 안 돼!"를 외치는 사람은 절대로 원하는 것을 이룰 수가 없다. 나 스스로가 나를 인정하지 않는데 누가 나를 인정해주겠나? 나를 위로하고 인정하고 격려하는 것이 바로 긍정의 힘이다. 다들 성공하면 행복할 것이라고들 생각한다. 하지만 목표를 달성하는 순간, 목표는 다시 올라가게 돼 행복을 오랫동안 느끼기가 쉽지 않다.

여성은 소수자였고 그동안 기회가 적었기 때문에 승진이나 연수 같은 기회를 잡는 데 더 조급해지기 쉽다. 그리고 어려움이 생기면 금방 부정적이 되고 쉽게 좌절하지만 절대 그럴 필요가 없다. 긴 호흡이 필요하다. 긴 인생에서 무엇이 좋은지 나쁜지 그 시점에서는 알기 어렵다.

성공과 행복에 이르는 길을 방해하는 좌절과 실망 같은 마음속의 방해꾼을 찾아내서 그것을 약화시키는 능력을 '긍정지능'이라고 한다. 세계적인 코칭 구루로 불리는 쉬르자드 샤미네는 저서 『긍정

지능』에서 이렇게 이야기한다. "우리는 모든 것을 마음에 의존하는데 마음속에는 사보타주(방해꾼)가 있어서 습관적인 마음 패턴들이 생기기 시작하고 부정적인 마음이 커지게 된다"는 것이다. 그가 이야기하는 방해꾼들은 재단하기, 결백, 아첨, 과잉성취욕, 피해의식, 과도한 합리성, 과민반응, 과잉행동, 통제욕구, 회피이다. 이 긍정지능은 마음이 나를 돕는 시간과 방해하는 시간의 비율을 말한다. 그런 긍정지능이 높아야 성공과 행복으로 가는 길이 쉽게 열린다.

그럼 긍정 지능을 어떻게 올릴 수 있을까? 긍정 지능은 남과 비교하지 않을 때 올라간다. 남과 비교하는 순간 나에게 가혹해지기 쉽기 때문이다. 또 긍정 지능은 무언가에 집중하고 성취하려고 노력할 때 올라간다. 아무것도 안 하고 빈둥거리고 있는데 저절로 긍정 지능이 올라가지 않는다. 옆에서 보고 내가 느끼며 겪은 긍정의 힘을 올리는 일상생활 습관 다섯 가지를 소개한다.

긍정의 힘을 올리는 일상의 습관 다섯 가지

1. 남과 비교하지 않기

2. 교감하고 사랑하기

3. 독서와 운동하기

4. 좋은 사람을 만나서 배우기

5. 몰입하고 있는 일에 의미를 부여하기

긍정을 해치는 가장 나쁜 암세포는 남과 비교하는 것이다. 남과 비교할 때마다 부정적인 사고들이 자리 잡게 되고 자신감도 떨어지고 마음이 힘들어진다. 고등학교만 나왔지만 호텔 총지배인에 오르고 백화점 점장이 되고 미국변호사가 되는 사람들이 있다. 고등학교도 인문계 고등학교도 아니고 상업고등학교를 졸업했다면? 나 같으면 어땠을까? 나도 그런 상황에서 나를 어떻게 지켜나갈지 자신이 없다. 그런데 그녀들은 남과 비교하지 않고 자신의 길을 뚜벅뚜벅 갔기에 불가능해 보이는 일을 가능한 일로 만들었다. 대학을 간 친구들과 비교하며 후회하고 한탄하며 살았다면 오늘의 그녀들은 당연히 없다.

여기에 그녀들과 대조적인 S가 있다. 학교 다닐 때 공부를 잘했지만 그녀의 단점은 '자기를 헐뜯고 깎아내리기'이다. 그녀는 국내 대학에서 박사학위를 받았다. 국내 박사도 얼마든지 실력을 발휘할 수 있는데 "외국박사도 아닌데 나를 뽑아주겠어?" "내가 되겠어?"를 입에 달고 살았다. 그러니 S의 심장과 내부는 쉬르자드 샤미네의 말처럼 자해를 입어서 아마도 만신창이가 됐을 것이다. 결국 그녀가 평소 말한 대로 S는 30년째 시간강사이다. 더구나 요즘 시대처럼 많은 정보가 순간에 공유되고 공개되는 사회에서는 비교하는 습관과 관행이 활개를 칠 수밖에 없다. SNS가 발달하면서 남들이 어떻게 사는지 페이스북과 인스타그램으로도 다 들여다 보이니 나만의 길을 묵묵히 가기가 더 쉽지 않다. 그러나 보이는 것은 껍데기에 불과하다. 결국은 보이는 껍데기를 비교하는 것이다. 그럴 필요가 전혀없다.

『죽음의 수용소에서』의 저자인 오스트리아 정신과 의사 빅터 프랭클은 자극과 반응 사이의 공간에 대해서 말했다. 자극과 반응 사이의 공간을 넓히면 행동을 선택할 시간이 많아지고 그만큼 성장할 가능성도 높다는 것이다. 남과 비교하지 않고 자기 자신의 자아와 내적인 성숙을 위해 노력하는 삶도 자극과 반응 사이의 공간을 넓히는 방안 중 하나일 것이다.

남과 다른 나만의 내면의 힘을 믿으며 나만의 길을 묵묵히 갈 때 긍정의 힘이 쌓이고 자극과 반응사이의 공간이 넓어져서 자신감과 열정이 보태진다는 단순한 법칙을 잊지 말자.

교감하고 사랑하라

생명이나 자연과 교감하고 사랑하는 것은 긍정 지수를 높여준다. 교감하고 사랑을 주고받으면서 따뜻하고 밝은 마음이 생겨나는 것이다. 내가 자연이나 동물과 교감의 즐거움을 알게 된 것은 최근의 일이다. 최근까지 이 좋은 걸 모르고 살았으니 안타까운 일이지만 지금이라도 알았으니 다행이다.

　나는 지금 길고양이였던 '하니'와 '둘리'와 함께 살고 있다. 작은 딸이 산책하러 갔다가 다 죽어가는 고양이를 구조한 것이 인연이 됐다. 우리 가족은 이것을 '같이 살 숙명'이라고 생각하고 있다. 우리의 동거생활은 벌써 5년이 넘었다. 털 알레르기 때문에 때때로 힘들기도 하지만 우리의 동거생활은 아마 죽을 때까지 이어질 것이다. 아무리 피곤하고 힘든 일이 있더라도 하니와 둘리와 놀다 보면 어느새 잊어버린다. 걔들과 마음을 교감하다 보면 저절로 새롭게 마인드셋이 돼 내가 언제 힘들었나 하는 생각이 드니 사람이든 동물이든 사랑하는 마음은 긍정지수를 높여주나 보다.

　등산을 하면서 자연과 교감하며 긍정 마인드를 키운 사람도 많다. 박찬희 전 스타벅스 실장은 한때 매주 등산을 했는데 긍정적 마인드는 물론이고 체력과 정신력 증진에 많은 도움이 됐다. 그게 그녀의 좌절 극복책이었다. 좋은 사람들과 대화하며 산 정상에 오르다 보면 갈등이나 문제들이 발아래 먼지처럼 느껴지면서 긍정 마인드와 자신감을 회복하게 된다. 그래서 그녀는 좌절감이 엄습할 때마다 산에 오르며 마음을 다스려왔다.

독서와 운동을 하라

힘들고 길이 안 보인다고 생각할 때 책에서 긍정의 힘을 발견한 분들이 많다. 좋은 책을 읽다 보면 막연히 생각하던 여러 가지 고민을 해결할 수 있는 실마리와 자신감을 발견할 때가 많다. 생각하는 힘을 길러주니 마음의 평정도 찾을 수 있다. 또 책에 소개된 저자의 다양한 경험은 나 스스로를 바꾸고 변화하게 한다. 나도 어려서부터 책 읽기를 좋아했다. 세계적인 작가들의 고전을 읽으며 꿈을 키웠고 내면의 힘을 키웠다.

독서의 중요성을 이야기하는 분은 한둘이 아니다. 일에서의 성공과 가정 내에서의 행복 모든 것을 다 가진 그녀이지만 아쉬운 것이 있다. 책을 원하는 만큼 못 읽은 것이다. 푸르덴셜생명 손병옥 회장의 이야기이다. 20대로 돌아간다면 더 해보고 싶은 것이 무엇이냐는 질문에 1초도 머뭇거리지 않고 대답이 나온다. "독서예요."

운동도 스트레스를 푸는 좋은 방법이다. 사람들이 운동하는 이유는 여러 가지가 있을 것이다. 건강, 체력, 다이어트 등등 여러 가지 목적이 있지만 운동의 기본은 땀을 흘리는 것이다. 땀을 흘리고 나면 생체적으로 긍정 호르몬이 풍부해진다. 또 작은 일이라도 완수했다는 기쁨은 성취감을 준다. 김주환 교수도 저서 『회복탄력성』에서 운동의 중요성을 말하고 있다. 그는 운동은 몸의 건강보다 마음의 건강을 위해 필수적이라고 주장한다. 운동하면 긍정적인 감정이 강화돼 뇌가 긍정적으로 변화한다는 것이다. 운동하는 법칙도 자세하게 소개하고 있다. 우울하고 되는 일이 없다고 느낄 때 한 번 달려보자. 실컷 땀을 흘리고 나면 기분이 달라짐을 느낄 것이다.

좋은 사람들을 만나서 배워라

긍정의 힘을 기르기 위해서는 긍정 바이러스가 넘치는 사람을 만나 배워야 한다. 길고 험한 인생살이를 버티고 견디기 위해서는 좋은 사람들을 만나서 긍정의 힘을 키워나가도 부족하다.

K와 L은 아주 친한 사이였다. 어느 날 둘이 헤어졌다. 남자와 여자만 헤어지는 것이 아니었다. 친구들도 친하게 지내다가 싸우기도 하고 서로에게 실망하기도 하고 여러 가지 이유로 헤어지는 경우가 많다. 내가 K에게 물었다. "왜 요즘 L을 안 만나세요?" K의 대답은 간단했다. "배울 점이 없어서." 이상하게 L과 만나기만 하면 대화의 주제가 남 이야기로 옮아가게 되고 남을 헐뜯고 부정적인 말을 하다 보니 배울 점이 없고 기분이 안 좋아진다는 것이다.

'아, 이런 이유로도 헤어지는구나.' 하고 놀란 적이 있다. 그 당시 K와 L은 40대 주부였다. 좋은 사람, 만나고 싶은 사람만 만나는 즐거움은 인생의 행복지수를 올린다. 좋은 사람들을 만나서 배우는 긍정의 힘은 전염성이 강하다. 무라카미 하루키는 자기가 직장을 안 다녀서 좋은 점에 대해 이렇게 이야기했다. "지루한 회의에 참석 안 해도 되고 매일같이 정해진 시간에 출퇴근을 안 해도 된다"는 것이다. 나는 여기에 하나 더 보태겠다. '나에게 좋은 영향을 주는 사람만 만나는 것'처럼 행복한 일도 없을 것이다.

하고 있는 일에 의미를 부여하라

사람은 누구나 일을 한다. 공부든, 집안일이든, 바깥 일이든 무슨 종류든 일을 한다. 무슨 일이든지 하면서 하루를 보낸다. 긍정의 힘은 '현재 내가 하고 있는 일'에 가치를 부여하고 집중할 때 점점 강력해진다. 내가 하고 있는 일에 의미와 가치를 부여할 때 업무 성과가 더 생기는 이유는 긍정의 힘과 열정 때문이리라. 의미가 있다고 여겨질 때 더 열심히 하게 되고 긍정과 열정이 보태져서 성과가 나게 된다. '하는 일'의 종류는 다양하고 귀천이 없다. 내 친구 중에는 주부가 많다. 가사와 육아를 소중하게 생각하고 열심히 할 때 그녀들은 빛이 난다. 그녀들도 반짝반짝, 집도 반짝반짝. 모든 것이 빛이 난다. 거꾸로인 경우는? 굳이 설명을 안 해도 알 것이다.

:: 자신감을 가져라

"여성들에게는 지나친 겸손이 있어요."

미국 NBC 앵커 출신인 클레어 시프먼이 저서 『위미노믹스』에서 한 말이다. 그녀는 여러 여성 리더들을 인터뷰하면서 고정관념이나 편견같이 사회에 있는 유리천장도 문제이지만 여성의 마음속에 숨어 있는 유리천장인 '자신감의 부족'은 더 근본적인 문제라고 보았다. 그녀는 남녀에 있어서 자신감의 차이가 있음을 발견했다. 여성은 남성보다 '승진할 수 없다.' '시험을 잘 볼 수 없다.' 등등 자신의 실력을 평가절하하는 경향이 강하다는 것이다. 결국 여성은 남성 대비 실력의 차이가 아니라 자신감의 차이가 문제였다. 다음은 케티 케이와 클레어 시프만이 공동으로 쓴 책 『나는 오늘부터 나를 믿기로 했다』에서 소개한 연구결과다.

카네기멜론대 린다 바복 교수는 비즈니스 스쿨 학생들을 연구한 결과 남성들이 여성보다 4배 이상 연봉 협상을 하고 여성들은 남성들보다 30% 낮은 연봉을 요구한다는 사실을 발견했다. 이 현상들의 원인을 맨체스터대의 마릴린 데이비슨 교수는 자신감 부족으로 해석했다. 그녀는 학생들에게 "얼마를 벌어야 한다고 생각하느냐?"는 질문을 매년 했다. 남학생들은 평균적으로 8만 달러를 얘기했고 여학생들은 20% 적은 6만 4,000달러를 얘기했다.

코넬대 심리학자 데이비드 더닝 교수와 워싱턴주립대 조이스 에링거 교수는 남녀 대학생들에게 과학추론퀴즈를 냈다. 그리고 퀴즈를 주기 전, 자신들의 문제풀이 능력에 대해 스스로 평가하도록 했다. 점수는 1(못 푼다)부터 10(풀 수 있다)이었는데 여성들은 "이 문제를 내가 풀 수 있을까?"에서 6.5를 주었고 남성들은 7.6으로 대답했다. 그리고 문제풀이가 끝난 후에 "문제를 얼마나 잘 풀었나?"라고 물었을 때 여성들은 5.8, 남성들은 7.1로 대답했다. 그러면 실제로 남성들이 여성들보다 잘했을까? 아니다. 평균은 비슷했다. 여성 7.5, 남성 7.9였다. 그리고 자기의 퀴즈 결과를 알려주기 전에 과학 경시대회에 참가할지를 물었다. 여성들은 49%가 참여하겠다고 했고 남성들은 71%가 참여하겠다고 답했다. 연구자들은 그 이유를 자신감의 차이로 분석했다.

예를 들어 여성들은 똑같은 직위를 가졌어도 회의 석상에서 쭈빗쭈빗하면서 회의 테이블에 못 앉는다는 것이다. 자기 직급에 맞는 파워를 행사하고 상대로부터 그에 상응하는 대접을 받을 줄 아는 것도 능력이다. 부하가 있다면 위엄 있게 지시하고 당당하게 요

055

구해야 한다. 권한 있는 자리에서 지나치게 겸손해서는 업무를 효율적으로 추진하기 어려울 뿐더러 나중에는 하극상 등 조직에서 있어서는 안 될 일이 생길 수 있음을 기억해야 한다.

자신있게 일할 때 성과도 높다

"오늘은 나가지 마세요. 지금 모습이 바람 빠진 풍선 모습 같아요."

우리나라 헤드헌터 1호이자 『나는 고급 두뇌를 사냥하는 여자』라는 베스트셀러 책의 저자이자 창업 14년 차인 유앤파트너즈 유순신 대표가 들려준 이야기이다. 그녀가 직장을 다니며 영업일을 했을 때다. 공장이나 전산실 이런 데 가서 대형 컴퓨터 오작동을 방지하는 제품을 판매하는 일이었는데 그게 너무 힘들었다. 어느 날 영업을 나가려고 준비하고 있는데 보스가 한 말이다. 섬뜩했다. 자신만 모르지 위에서 옆에서 다 보고 있었던 것이다. 세일즈는 당당함과 자신감으로 영업해도 될 똥 말똥이다. 지금 생각해도 그때 받은 자신감 훈련이 도움이 많이 됐다고 한다. 면접이나 일할 때 기본은 자신감이다. '당당하게 어깨를 쫙 펴고 눈빛도 또렷이 하고' 일할 때 성과도 높아지는 것이다. 그녀가 30여 년의 경험에서 느낀 점이다.

그녀는 우리나라에 헤드헌터란 말조차 생소하던 2003년에 창업했으니 벌써 사업 14년 차이다. 하지만 그동안 힘든 일도 많았다. 사업을 접고 싶은 적이 한두 번이 아니었는데 그녀를 버티게 한 것은 책임감이었다. '직원들은 늘어나는데 여기서 손 놓으면 나는 편하지만 여기 식구들은 어쩌지?'라는 생각에 계속 달려가게 됐다고 한다. 사회와 한 약속도 중요했다.

"7년 전에 중장년층과 경력단절여성의 재취업을 돕는 사회적 기업을 만들었어요. 누군가가 해야 되는 일이기는 하나 아직 수익구조가 안 나와서 고전하고 있어요."

그녀는 어떻게 헤드헌터라는 새로운 시장을 개척할 생각을 했을까? 유 대표의 도전이 궁금해진다. 유 대표는 회고하기를 시대가 '오늘의 나'를 만들어주었다고 한다.

"우리 경제가 발전하면서 외국계 회사가 한국에 많이 들어오기 시작했어요. 한국에 진출하면 당장 필요한 것이 현지 인력이에요. 새롭게 인력을 채용해야 하니 헤드헌터인 나를 찾았어요. 게다가 사회가 투명해지면서 연줄이 아닌 실력으로 인재를 뽑고 싶어했지요."

특히 외국계 기업이 한국에 들어올 때는 더하다. 한국 실정을 전혀 모르니 좋은 인재를 뽑아달라는 요청이 많이 들어왔다. 외국계 회사의 대모처럼 참 많이도 취직시켰다. 덕분에 책도 내고 방송도 많이 나가고 유명세도 탔다.

요즘은 어떤 인재를 선호할까? 옛날에는 충직하게 새벽부터 밤늦게까지 일하는 사람들을 선호했지만 지금은 아니라고 한다. 짧게 일해도 아이디어를 쏟아내는 스타일을 선호한다.

"페이스북, 배달의민족, 쿠팡, 카톡은 예전에는 상상도 못했던 비즈니스 모델이에요."

소셜 네트워크로 새로운 비즈니스가 창출되고 있다. 요즘은 생각을 다르게 하고 즉시 실행하는 사람들이 뜨는 세상이다. 속도가 거의 모든 것이 돼버렸다.

"여성들이 신입사원일 때는 빛이 나는데 점점 갈수록 빛을 잃어버리고 임원을 시키려고 하면 다 사라져버리고 없어요. 하지만 요즘 신세대들은 달라지려고 하는 것 같아서 그나마 다행이에요."

유 대표는 1979년 대학을 졸업하고 대한항공 스튜어디스 공채 시험에 합격했다. 무려 200대 1의 경쟁률을 뚫었다. 외국에 나가 보니 정말 세상은 넓고 배울 점이 많았다. 선진국을 돌아보니 여성들이 전문적인 일을 많이 하고 있었다. 그게 자극이 됐다. 그런데 동료는 쇼핑과 관광에 관심이 있었다.

"나는 조금 달랐어요. 어떻게 하면 영어나 불어 같은 외국어를 잘할 수 있을까. 어떻게 하면 앞으로 더 전문적인 일을 할 수 있을까. 외국계 기업에는 어떤 회사들이 있는지에 관심을 두었어요."

하지만 시련이 왔다. 그 당시는 결혼하면 회사를 그만두어야 했다. 어쩔 수 없이 대한항공을 그만두고 여러 회사를 옮겨 다니며 인사와 영업 등 다양한 일을 하게 됐다. 1982년에는 프랑스 원자력 회사에 입사했다. 우리나라로 치면 한전 같은 곳이다. 거기서 몇 년 근무한 후 1989년 미국계 화학회사로 이직했다.

미국 회사에서 오피스 매니저 뽑는다고 해서 인터뷰를 하러 갔다. 인터뷰어는 50대 중반의 미국 할아버지였다. 그런데 그동안 했던 일 중에 가장 자랑스러운 것을 말해보라고 했다. 순간 떠오르는 게 없었다. 평소 생각이 불쑥 나왔다. 그건 가족. 항상 잘했다고 생각하는 건 결혼해서 아이들을 낳고 가족을 만든 일이다. 그 이야기를 했더니 빙그레 웃었다. 다른 후보자들이 다 영어도 잘하고 쟁쟁했다. 미국 회사이니 영어가 더 완벽한 사람들이 합격할 줄 알았는데 뚜껑을 열고 보니 그들은 떨어지고 자신이 합격했다.

'왜 나를 뽑았나?' 궁금했다. 그런데 그 이유가 인상적이었다. 한국에서 사람을 뽑으면 여성들이 결혼한다고 그만두고, 아기 키운다고 그만두고 할까 봐 걱정했다는 것이다. "너는 이미 결혼해서 아이도 있으니까 오랫동안 있을 거 같아서 채용키로 했다"는 거다. 생각 자체가 우리와 너무 달라 깜짝 놀란 적이 있다.

지금 사회 현안인 저출산문제 해소와 여성인력활용 두 과제를 해결하기 위해서는 우리나라도 더 이상 임신 출산 육아를 비용이라 생각하지 말고 미래에 대한 투자라고 생각해야 할 것이다.

오늘 지금 그대로의 자신을 사랑하라

　자신감은 자기 자신을 있는 그대로 사랑하는 데서 시작된다. 더 나아가 자신을 믿는 것이 필요하다. 스탠퍼드대 '여성학 연구소 공공위원회' 의장으로 활동한 바 있는 마조리 한센 셰비츠 박사는 저서 『나는 자신감 있는 여자가 좋다』에서 개인의 능력은 사고방식에 의해서 형성될 정도로 강력해서 '우리가 생각하는 것'이 중요하다고 강조한다. 자신감이 있는 여성이 되기 위한 첫 단계는 자신이 누구인지 아는 것이다. 거기다 자신감을 기르면 자신의 가치를 더 분명히 알게 된다. 무라카미 하루키도 말했다. "자신감의 비결은?" "가장 중요한 것은 자기가 무엇을 좋아하는지를 명확히 아는 거죠. 바로 그게 자신감입니다." 자신에 대해 더 많은 것을 알고 만족하면 할수록 자신감을 얻을 수가 있다는 말이다.

　얼마 전 「페넬로피Penelope」라고 1996년에 제작된 미국영화를 봤다. 한 명문가가 선대에 지은 죄의 대가로 후대에 딸이 태어나면 돼지 얼굴을 하고 태어나는 저주를 받았다. 몇십 년이 흐른 후 정말로 돼지코를 한 딸이 태어났다. 돼지코 주인공의 이름은 페넬로피다. 코만 돼지 코이지 성격도 좋고 귀엽고 사랑스러운 여자아이였다. 엄마는 딸이 창피해서 18년 동안 집에 몰래 가두어 키운다. 그러나 엄마는 물론 다른 가족들도 다 창피하게 생각하는 돼지코의 저주는 아이러니하게도 페넬로피가 자기 자신을 사랑하지 않는 남자와의 결혼을 물리칠 때 풀린다. 다른 사람의 사랑을 받으면 돼지 코의 저주가 풀리는 줄 알았는데 사실은 자기 자신을 진심으로 사랑할 때 저주가 풀리는 것이다.

"나는 이대로의 내 모습이 좋아요." 하는 순간 페넬로피의 돼지 코는 보통 사람의 코가 됐다. 자기 자신에 대한 자존감도 중요하고 맡은 업무에 대한 자존감도 중요하다. 페넬로피처럼 "지금 이대로의 내 모습이 좋아요." 할 때 우리의 자신감은 커지고 실패를 두려워하는 마법에서 벗어날 수 있다.

중국의 작가 탄쮀잉이 2005년에 쓴 베스트셀러 『살아 있는 동안 꼭 해야 할 49가지』에서 여덟 번째 할 일이 '자신을 소중히 여기기'이다. 그녀는 우리의 진정한 가치는 남의 평가가 아니라 우리가 자신에게 매기는 값에 달려 있고 한 사람 한 사람은 모두 '값을 매길 수 없는 보석'이 될 수 있다고 말한다. 자신의 가치를 만들기 위해 스스로 연마해야 하는 것은 기본이다. 2년 전 직장을 그만두니 여기저기서 같이 일해보지 않겠느냐는 제안이 온다. 그중 하나가 네팔 청소년을 지원해주는 봉사단체이다. 그 단체는 네팔 어린이들에게 학교를 지어주고 교육하는 일을 하고 있다.

금년 초 이사장이 바뀌었다고 연락이 왔다. 시간이 되는 회원들이 번개로 모여 사업보고회 겸 저녁 식사를 했다. 작년도 사업 경과보고 시간에는 네팔에 현지봉사를 다녀온 활동가가 경험을 이야기하는 프로그램이 포함돼 있었다. 그런데 젊은 활동가의 발표에 깜짝 놀랐다. 20대 중반이나 됐을까? 당당하고 밝고 자기가 하는 일을 무척 사랑하고 있음을 알 수 있었다. 영어발음도 목소리도 태도도 다 좋았다. 자신감이 넘쳤다. 갑자기 궁금해졌다.

어느 대학을 나왔을까? 나의 세속적인 궁금증이 나오기 시작한다. 그 정도의 당당함이 나오려면 '분명 SKY'일 것이라는 고정관념은 보기 좋게 깨졌다. 그녀는 지방 신설대학을 졸업했지만 자격지심은 전혀 찾아볼 수가 없다. 미국 아이비리그를 나와도 자부심을 지니지 못하고 우울해하는 청년들이 많은 것을 보면 학교라는 타이틀보다는 정신자세가 자신감에 훨씬 중요함을 알 수 있었다. 자기와 자기 일을 사랑하는 그녀에게 열렬한 박수를 보냈다. 나는 10년 후의 그녀가 궁금하다. 자신과 일에 대한 자신감과 자부심은 분명 그녀를 그 분야에서 우뚝 선 인물로 만들어놓을 것이다.

:: 견디고 버텨라

힘들게, 천신만고 끝에 문지방을 넘었다. 그럼 그 이후는 탄탄대로일까? 그렇지 않다. 그 분야에서 인정받고 성과를 내기 위해서는 참고 견뎌내야 할 일들이 곳곳에 있다. 견뎌내는 힘은 성장의 기본이다. 최인아 전 제일기획 부사장은 '2015 글로벌 여성리더포럼 - 여성 리더십을 말하다' 콘퍼런스에 세션 발표자로 참여했다. 그녀는 '그녀는 프로다. 프로는 아름답다.'라는 광고 문구를 만든 것으로 유명하다. 그녀는 포럼 직후 가진 인터뷰에서 이렇게 말했다.

"예전과 달리 조직이나 사회에서도 '여자들은 똑똑해.'라는 부분은 어느 정도 인정하는 분위기지만 '그런데?'에서 방점을 찍는 것도 사실이에요. 똑똑하다는 것 하나만으로는 안 되고 다른 힘들이 필요해요."

최인아 부사장은 '다른 힘'의 첫 번째를 뜻밖에도 '견디는 힘'이라고 말했다. 한마디로 '버티라'는 것이다. 사실 참을 이유가 없으면 버티기 어려운 것도 사실이다. 하지만 잘하려면 오래 해야 하고, 또 잘할 수 있어야 오래 할 수 있는 법이다. 그러니 하기 싫고 흔들릴 때 나를 붙잡아주는 힘은 결국 내가 지금 하고 있는 일이 '어떤 의미가 있는지' '어떤 가치를 만들어내고 있는지'를 나의 언어로 정리할 수 있어야 한다는 것이다. 그녀의 말에 전적으로 공감한다. 당장은 힘들더라도 내가 하는 일에 의미가 있다고 느낄 때, 현재의 일이 나의 미래에 도움이 된다고 생각할 때는 견디고 버티어야 한다.

그만둘 수 없다는 오기가 있어야 한다

"회사가 나를 조금만 행복하게 해주었으면 진즉 그만두었을 텐데 이대로는 못 그만두겠다 싶었어요."

여성이 극소수였던 언론계에서 35년을 버틴 힘에 대해서 이렇게 말한다. 경제신문 기자로는 처음으로 1995년 '최은희여기자상'을 수상한 박성희 서울대 언론정보학과 산학협력 교수의 이야기이다. '최은희여기자상'은 여기자들에게는 가장 권위 있는 상으로 평가받는 상이다. "경제지 문화부 기자로서 당시 종합지 문화부에서는 안 다루던 문화산업과 건축 등 문화, 산업, 생활을 아우르는 영역을 개척한 공로로 받았어요."

알고 보니 박성희 교수는 고등학교 1학년 때부터 실질적인 가장 역할을 했다. "나는 언론계 대표 흙수저예요." 가정 형편이 어려웠던 통에 하는 수 없이 똑똑한 맏딸인 그녀가 과외를 하면서 생활비를 벌어야 했다. 그랬던 그녀가 어떻게 대학에 가고 기자가 됐을까? 그냥 주저앉을 수도 있었을 텐데. 그건 독서의 힘이었다. 오늘의 그녀를 키운 힘의 8할은 독서였다. 초등학교 때부터 시간 날 때마다 책을 읽었다고 한다. 특히 위인전을 좋아해서 『플루타르크영웅전』『나폴레옹전』『한니발전』 등을 읽고 또 읽었다. 책에서 읽은 위인들의 모습을 보고 '나도 저렇게 되고 싶다'는 꿈을 키웠다. 공부를 잘해야지 하는 자극도 됐다. 고등학교 시절 과외 아르바이트를 하면서도 신문반 활동을 통해 기자의 꿈을 키워나갔다.

대학 졸업 후 취업하고 싶었지만 당시 대졸 여성을 받아주는 곳은 많지 않았다. 정보도 턱없이 부족했다. 『여원』이라는 여성 잡지 기자로 시작해 경제 전문지를 거쳐 한국경제신문 기자로 진입했다. 직장을 옮기면서 '결혼하면 그만둔다'는 서약서를 쓰기도 했다. 1980년대의 일이다. 1988년 남녀고용평등법이 제정되기 전까지는 직장포기서약서는 당연한 일로 받아들여졌다. 경제지 기자로는 처음으로 '최은희여기자상'을 받을 만큼 실력을 갖춘 그녀도 20대 때는 문지방을 넘기 위해서 수도 없이 문을 두드린 것이다. 어렵게 들어간 신문사였건만 순탄하지가 않았다. 여자라서, 줄이 없어서, 수습기자 출신이 아니어서 승진에서 밀리고 연수 기회를 빼앗기고 억울해한 적이 한두 번이 아니었다. 그럴 때마다 남보다 더 열심히 취재하고 쓰면서 실력을 쌓아나갔다.

이대로는 그만둘 수 없다는 오기도 함께 쌓여갔다. 일간지에서 문화산업과 건축 기획 시리즈를 처음 내보냈고 그 공로로 한국건축가협회에서 상도 받았다. 참고 견딘 끝에 문화부장으로 발탁돼 4년이나 편집국 내 유일한 여성 부장으로 활약했다. 문화부장을 마친 뒤에는 언론인의 정점이라는 논설위원이 돼 장장 14년 동안 칼럼과 사설을 썼다. 1998년에 낸 책『문화가 경쟁력이다』외에도『공주를 키워주는 회사는 없다』『맛있는 인생』『가방 속에서 벗어나기』『곁에 두고 싶은 책』을 계속 발간했고『왜 나를 말하기를 두려워하는가』『삶』등의 역서와 유치원생들의 얘기를 모아서 엮은『아빠, 잠깐만』까지 총 여덟 권의 책을 냈다. 그녀가 얼마나 집념을 갖고 열정적으로 일했는지 말해주는 대목이다. 무엇보다 중요한 것은 포기하지 않는 것이다. 끝까지 물고 늘어져야만 목표를 달성할 기회라도 잡을 수 있다. 동료와의 경쟁에서 뒤처졌을 때 포기했다면 지금의 그녀는 없었을 것이다.

아쉬운 점도 없지 않다. '경력관리를 좀 더 잘했더라면…….' 하는 것이다. 왜 문화부에만 머물러 있었을까? 지금은 문화부가 선호하는 부서 중 한 곳이지만 20년 전은 달랐다. 또 종합일간지와 경제지에서의 문화부는 차이가 있다. 하지만 그녀는 그때 '새로운 경력을 쌓아야 해.'라든지, '상사에게 이야기해서 부서를 바꿔달라고 해야지.' 같은 생각을 못했다. 그런 조언을 해주는 사람도 없었다.

문화부 일을 좋아한데다 '경제지에 있으려면 당연히 경제기자를 해야지.'라는 인식도 부족했다. 또 '인사문제는 회사의 일'이라고 생각하고 회사 방침에 따랐다.

돌이켜보니 그때나 지금이나 회사는 가만히 있으면 거들떠보지 않는다. 자기 밥그릇은 스스로 챙겨야 하는 법이다. 그녀는 그런 생각을 정리해서 2005년에 여성 리더십 책『공주를 키워주는 회사는 없다』를 발간했다. 2만 부가 넘겨 팔렸으니 베스트셀러인 셈이다. 그 당시 책을 낼 때는 '참고 견뎌보자'는 심정으로 글을 썼는데 지금 다시 책을 낸다면 '대들어라.'라고 조언할 것이다. 직장에서 성공하기 위해서는 쌍기역으로 시작하는 단어 6가지가 필요하다는 말이 유행할 때가 있었다. '꼴, 꾀, 끼, 꿈, 깡, 끈'이 유행어처럼 번졌다. 10년 전엔 여기에 '꾹'을 추가했다면 지금은 '깡'에 밑줄을 긋고 '대들어봐라'를 추가하고 싶다. 대든다는 것은 고정관념과 편견에 맞서는 용기를 내라는 뜻이다. 아마도 '여기자는 문화부가 제일이야.'라는 편견에 맞서는 경제부서 근무를 자원하지 못했던 그녀의 안타까움 때문인지도 모르겠다.

어디 한번 해보자 정신이 필요하다

운동선수의 꽃인 국가대표, 미스코리아, 그리고 동아쏘시오그룹의 최초 여성 임원. 이렇게 나열하면 꼭 세 사람의 다른 이력서 같지만 아니다. 한 사람의 이력이다. 각기 다른 세 명의 인물을 나열해놓은 것 같은 삶의 스토리를 만들어가는 사람. 주인공은 동아쏘시오그룹의 이진숙 상무이다. 그녀를 이 자리로까지 이끌어온 원동력은 어디 있는 것일까? 그 인생 스토리를 들어보자.

그녀는 어려서부터 운동에 재능이 있었다. 중학교 3학년 때 체육 선생님의 추천으로 필드하키를 시작했지만 늦은 입문에 대학입시에서 낙방했다. 재수생 시절 TV에서만 보던 '미스코리아'라는 경험의 문은 "흔히 이야기하는 미용실 원장님 권유"로 열렸다. 당시 운동하면서 쇼트커트를 유지했다. 어느 날 자주 가는 미용실에 들렀을 때 원장님이 문득 보름 뒤에 인천시 미인대회가 열리는데 참가해볼 생각이 없느냐고 물어왔다. 마지막 멤버가 구해지지 않아서 물색 중이었다고 한다. 이 상무는 처음에는 터무니없다며 손사래를 쳤지만 계속되는 권유에 2주간의 짧은 준비를 거쳐 설렘 반 호기심 반으로 34번 마지막 참가자로 무대에 오르게 됐다. 호기심으로 참여한 대회였지만 타고난 승부욕이 새로운 도전을 부추겼다.

'어디 한번 해보자.'

모두가 긴 머리를 풀어헤치고 여성미를 자랑할 때 쇼트커트로 차별성을 어필했고 수영복 심사 때는 참을 수 없을 만큼 민망했지만 운동으로 다져진 건강미를 표현하기 위해 노력했다. 무대 뒤에서는 운동화에 익숙해진 아픈 발을 달래기 위해 구두를 벗었다 신었다 수도 없이 했다. 처음에는 34인으로 시작했는데 15인, 7인, 그리고 최후의 2인으로 남아 있게 됐다.

운동선수와 전혀 다른 분야인 미스코리아로의 성공은 TV 리포터나 탤런트 등 평소에는 생각해보지도 못했던 다양한 직업으로의 진로를 가능하게 했다. 하지만 운동에 대한 열망이 가득했던 이 상무는 미스코리아 당선을 자신감이 급격하게 떨어져 있던 재수생 시기에 "할 수 있다"는 자신감을 되찾고 다시금 입시에 집중할 수 있게 해준 소중한 계기로만 삼았다. 이런 특별한 경험을 안은 채 전공을 살려 대학에 입학했고 국가대표 하키선수로 선발되는 영광을 누리기도 했다. 하지만 훈련 도중 불의의 사고로 다리를 다치면서 선수생활을 짧게 마감해야 했다.

졸업 후 그녀는 교사로 내정을 받고 정식 임용날짜를 기다리고 있었다. 그러던 어느 날 학교 선배에게서 동아오츠카(동아쏘시오그룹의 자회사)에 와서 마케팅 실무를 배워보지 않겠느냐는 제의를 받았다. 두어 달 정도 경험 삼아 배우는 것도 좋을 것 같아 일을 시작했다. 그런데 뜻밖에 그 일이 너무 재미있었다. 하나의 브랜드를 위해 얼마나 많은 마케팅 활동이 있는지, 그리고 소비자들과 소통하기 위해 얼마나 많은 노력을 기울이는지 하나부터 열까지 배워가는 과정이 즐거웠다. 이 상무가 운동선수 시절 동아오츠카의 스포츠음료를 즐겨 마셨던 것이 흥미로움의 또다른 이유이기도 했다. 그러던 중 지주회사의 해외 연구소에서 연수할 기회가 주어졌는데 동아제약(현 동아쏘시오그룹)의 기업이념과 눈앞에 펼쳐진 기업의 이모저모를 보면서 이것이 '내 길'같이 느껴졌다. 그리고 동시에 필드하키에서 배운 진정성처럼 "건강을 위해 제품의 진정성을 철저하게 지키고 있는 이런 회사라면 내가 열정을 다해 일할 수 있겠다." 하는 생각도 들었다.

그렇지만 입사 후 회사 생활은 산 넘어 산이었다. 여느 제조업체와 마찬가지로 동아오츠카 역시 여직원 비율은 절대적으로 적었다. 특히 여성의 진입 장벽이 낮다고 여겨지는 마케팅본부 내에서도 남녀직원의 동등한 위치는 선례가 없었다. 단지 그녀가 거기에 존재하는 것만으로도 '특이하고 불편한' 상황을 만들어버렸다. 여직원들로부터는 '질투의 대상', 남자직원들에게는 '경쟁의 대상'이 돼버렸기 때문이다. 그때마다 '나는 어떤 직원이 돼야 할까?'를 고민했고 그녀가 내린 결론은 '다 잘하는 직원이 되자'였다. 여직원들이 도맡아 했던 책상 정리나 사무실 청소를 "왜 내가 해."라고 불평하지 않고 남들보다 일찍 출근해서 해치웠다.

그녀는 남자들이 흔히 '의리'라고 부르는 집단문화에 녹아들기 위해 남동생같이 능청스럽게 '형님'으로 모시기도 했고 기존 업무를 개선하는 데도 집중했다. 그룹 내에서 PPL을 처음으로 시도했다. 기존의 포카리스웨트는 소비자와의 접점에서 소통하는 맨투맨 방식을 고수해왔다. 새로운 방법을 찾던 중 'TV 속 연예인이 마시는 장면'이 대안으로 떠올랐다. 그 첫 번째 도전이 영화 「쉬리」였다. 포카리스웨트 자판기가 즐비한 장소에서 펼쳐진 총격전은 아직도 눈에 선하다.

그녀가 남들보다 더 많이 고민하면서 일을 했다 해도 시련은 계속됐다. 여자라서 겪은 세 번의 승진 누락의 이유도 다양했다. "선배지만 여자라서" "잘했지만 여자라서" "때가 됐지만 결혼했기 때문에" 등등. 누구보다 열심히 일했다고 자부하면서도 '여자'라서 누리지 못했던 권리는 '승진'이었다.

그로부터 20년이 지난 지금 이 상무는 그룹 내 최초 여성 임원이 됐다. 현재 이 상무가 이끌고 있는 동아오츠카 마케팅본부의 여성 비율은 40%에 육박한다. 육아휴직 등 가족친화적인 복지제도도 유연해졌다. 본인이 겪었던 유리천장의 아픔을 후배들에게 대물림하고 싶지 않겠다는 의지로 새로운 기업문화를 만드는 데 앞장서고 있기 때문이다. 이 상무는 힘들어도 스스로가 퇴로를 차단했기 때문에 견디고 버틸 수 있었다고 회상했다. 그리고 할 수 있다는 '긍정'과 일에 대한 '열정'의 힘이 지금을 만든 것이다.

071

힘들다고 주저앉지 말고 힘을 길러라

KT 내 최초의 여성 CEO로 발탁된 조화준 전 KT 캐피탈 대표의 경력도 순탄하지만은 않았다. 한눈에 봐도 부드럽고 온화한 미소 뒤에는 지난 40년을 견뎌낸 내공이 버티고 있었다. 그만두고 싶을 때가 한두 번이 아니었다. 주변에 그만두는 사람들을 보면 '나도 저렇게 확 그만두어버릴까?' 유혹도 있었지만 그러기에는 버텨낸 지난 세월이 억울했다.

대학 졸업 후 TV 보도국 기자로 일하고 싶었으나 선발자격에 성별제한이 있었다. 아나운서 자리에는 여자를 뽑았지만 그녀의 관심과는 거리가 있었다. '사회가 날 원하지 않는다고? 두고 봐라. 여기서 직장을 구걸하기보다 더 큰 세계를 경험해보자. 그럼 날 원할 수밖에 없을걸!' 그녀는 속으로 외치면서 혼자 미국 유학길에 올랐다. 그 당시에 여자가 혼자 유학을 가는 일은 흔치 않았다.

"집에선 당연히 반대했지만 설득했어요. 얼마나 힘들지 몰라서 무식하기도 했고 용감할 수 있었지요. 내가 하고 싶어서 하는 것이니 뒤로 물러서지도 않았고 물러설 수도 없었어요. 사실 누가 나를 떠밀어서 유학을 간 거라면 중간에 쉽게 포기했을 거예요."

그때는 여성에게 일은 옵션이지 필수가 아니었다. 유학 중에도 진로 고민을 많이 했다. 애초에 사회학 공부를 하러 갔지만 취업을 고민하다가 MBA와 미국 공인회계사 자격증을 따기로 마음먹고 진로를 바꿨다.

귀국 후 1993년에 KT연구소에 입사해 22년간 KT 우먼으로 일했다. 전화설비비를 없애고 3G 라이선스 신청하는 작업이 기억에 남는 일이다. 그녀는 이렇게 말했다.

"보통 직원은 상사가 시키는 일을 하게 되잖아요. 그런데 그렇게 시키는 일을 할 때 상사가 이 일을 왜 시켰는지를 한 번만 생각해보세요. 예를 들어서 '올해 당기순이익을 뽑아와봐.'라고 지시할 때 상사가 왜 나한테 이걸 시켰지?'라고 생각해보면 저분이 당기순이익뿐만 아니라 영업이익도 관심이 있을 수 있다는 생각이 들죠. 그러면 상사가 요구한 A 말고 A⁺가 만들어지는 거예요."

하지만 직장생활은 생각한 만큼 순탄하지 않았다. 새로운 CEO가 취임할 때마다 조직은 새롭게 탈바꿈한다. 모 회장님이 오셨다. 그분은 외부에서 많은 여성들을 임원으로 영입했다. 내부 승진보다는 외부 발탁을 택했다. 외부 발탁 인사는 대개 화려한 언론의 조명을 받고 등장하지만 내부에서 묵묵히 일한 사람에게는 상당한 허탈감을 준다. '나는 여기서 무엇인가?'라는 생각도 들었다가 '내가 많이 부족한가 보다.' 자책도 했다가 '내가 루저인가?' 좌절도 했다가 '일만 해서는 안 되나 보다.' 고민도 들고 조직도 야속하게 느껴지고 그야말로 마음을 종잡을 수가 없게 마련이다. 그런 상황에서 지인들의 걱정하는 전화를 받으면 더 힘들다.

이때 조 대표를 붙잡아준 것은 동료와 부하직원들이었다. 이야기할 수 있는 사람이 있다는 것이 그렇게 좋을 수가 없었다. 터놓고 이야기하니 평정심을 찾게 되고 제자리로 돌아올 수 있게 됐다. 그리고는 다시 묵묵히 일했다. '회사의 주인은 나다.' '내가 주인처럼 행동하자.' 하루에도 몇 번이나 회사를 그만두고 싶은 생각을 접고 견뎌낸 것이다. 다시 새로운 CEO가 취임하고 임원들의 물갈이가 진행되던 어느 날 기회가 왔다. 폭풍이 몰아쳐도 22년을 묵묵히 본연의 자리에서 일했더니 인정을 받게 됐다고 할까. 그녀는 KT의 계열사 CEO로 발탁되는 첫 번째 여성이 됐다. 2014년 KT 캐피탈 대표로 임명받았다. 그동안 일에 전념한 보상과 대가의 대차대조표는 쉽게 그려내기 어렵겠지만 긍정의 힘과 '자신'에 대한 믿음이 있었기에 그만두고 싶어도 참고 버틸 수가 있었을 것이다.

통계청이 2016년 21일 발간한 『경제활동인구조사 청년층 및 고령층 부가조사 결과』에 따르면 2016년 5월 기준 15~29세 청년층이 학교를 졸업하거나 중퇴하고 나서 첫 직장을 잡기까지 평균 11.2개월이 걸렸다. 첫 직장에서의 근속기간은 평균 1년 6.7개월에 그쳤다. 절반에 가까운 48.6%가 '근로 여건 불만족'의 이유로 그만두었다고 한다.

그만두고 싶은 분들에게 꼭 해주고 싶은 말이 있다.

"어려움을 견디고 버티는 힘을 길러야 합니다."

100번 넘어지면 101번 일어나면 된다

푸르덴셜생명 손병옥 회장은 40년 직장생활을 하는 동안 힘든 일도 많았다. 하지만 그녀는 힘든 일은 누구나 있게 마련이라고 생각했다. 짧게 가느냐, 길게 가느냐의 차이일 뿐이다. 극복하는 힘은 삶의 태도에서 나온다. 긍정적인 사람일수록 넘어지면 금방 일어난다. "100번 넘어지면 101번 일어났어요." 계속 왜 그렇게 사느냐고 사람들이 물으면 "내가 <u>스스로</u> 일어나지 않으면 누가 나를 도와주나요?" 하며 스스로를 지켜냈다.

그녀는 직장 내 크고 작은 힘든 일을 겪을 때마다 "성공? 될 때까지 하는 것! 그뿐! 어쨌든 포기하지 말고 될 때까지 하는 것. 그뿐!"이라는 말을 항상 되새겼다. 그녀는 대학 졸업 후 1974년 외국계 은행인 체이스맨해튼은행의 서울 지점에서 사회생활을 시작했다. 미들랜드은행과 HSBC 등 외국계 은행을 거치며 경력을 쌓았지만 1993년 사표를 내고 미국 워싱턴 D.C.의 상무관으로 발령받은 남편을 따라 미국에 갔다. 하지만 다시 귀국하고 나니 할 일이 없었다. 그런데 뜻밖에 스카우트 제안이 왔다. 이 스카우트 제안이 그녀의 인생에 디딤돌 역할을 했다. 3년간의 공백을 딛고 푸르덴셜생명의 인사부장을 맡게 됐다. 어렵게 다시 얻은 기회이니만큼 정말 열심히 일했다. 성과와 공로를 인정받아 2003년 생보사에서 처음으로 여성 부사장으로 승진했고 CEO 자리까지 승진했다.

힘든 일도 많았다. "저와 생각이 다른 상사와 일할 때 무척 힘들었어요. 하지만 그런 과정도 또 다른 배움이라고 생각하고 버텼어요." 손 회장의 말은 이어진다.

"제게 주어진 일들은 '그래 한 번 해보자.'라는 마음과 길이 안

075

보일 때는 '내가 만들면 되지.'라는 정신으로 일했어요. 무엇보다 중요한 건 내가 하는 일에 가치를 부여하고 열정을 가졌어요. 자신도 열정을 가지지 않는데 누가 그 일을 의미 있게 봐주겠습니까?"

그동안 했던 일 중에 교육훈련시스템과 자원봉사제도를 구축한 것이 기억에 남는다. 처음 입사했을 때 푸르덴셜생명은 손익분기점 breakeven을 막 맞춘 회사였다. 앞으로 회사가 발전하기 위해서는 인재가 필요하다고 생각했다. 결국 일은 사람이 하는 것이니 좋은 인재를 채용해야만 영업이익도 나고 실적도 생긴다. 그런데 교육제도를 보니 모든 교육이 영업사원에만 집중되어 있고 본사직원은 오리엔테이션조차 없었다. 신입사원 OT부터 계층별 교육 프로그램을 만들었다. 대학원 과정과 교환파견 프로그램을 만들어서 직원들의 역량 강화에 힘썼더니 역량 있는 직원들을 뽑을 수 있었고 이직률이 낮아지며 회사에 대한 만족도도 높아졌다. 인재를 뽑기 위해서 적극적으로 회사 홍보를 하고 학교를 찾아다니며 취업설명회를 했다. 초기에는 회사의 네임밸류가 없어서 그런지 인재들이 거들떠보지도 않았기 때문이다. 그때는 1997~1998년 IMF 위기로 경제가 극도로 침체돼 있던 시절이다. 그 당시 입사한 신입직원들이 지금은 회사의 주요한 포지션을 담당하는 핵심인재로 성장했다.

"그때 좋은 사람들을 참 많이 뽑았어요."

두 번째, 회사에 자원봉사 기틀을 구축한 것이다. 자원봉사는 나눔을 통해 사회의 건강성을 증진시키는 힘이다. 미국에 살면서 미국 사회에 총기나 인종 문제 등 여러 가지 사회 문제가 있지만 사회 기저에는 자원봉사의 힘이 있다는 점을 배웠다. 인사팀에 자원봉사 기능을 만들고 2007년에는 회사에 사회공헌재단을 설립해 전국 중고생 자원봉사대회와 조혈모세포 기증운동 등 전 임직원의 자원봉사 기틀을 마련했다. 비록 남들이 중요하지 않다고 생각하더라도 자신과 다른 사람들의 꿈을 이루어줄 수 있는 목표라는 확신이 든다면 '부드럽지만 강하게' 도전했다. 그런 성향이 오늘의 그녀를 있게 했다.

자기 안의 유리천장을 깨라

남성 위주의 조직사회에서 여성이 극소수일 때 여성 스스로 자신의 존재가 눈에 띄는 것이 부담스러워 목소리를 내지 않거나 남성 문화에 적응해버려 양성평등 의식이 약화될 수 있다.

조희진 검사장도 그랬다. 그녀가 검사를 시작할 당시에는 전국에 여성 검사가 조 검사장 혼자였다. 지금은 그녀가 근무하는 의정부지방검찰청만 해도 총 60명의 검사 중에 25명이 여성 검사다. 현재 전국 검사 2,000명 중에 여성 검사는 약 600명 정도로 30%가 조금 안 된다. 그런데 밑으로 내려갈수록, 즉 젊은 검사들의 성비는 여성이 절반을 넘는다. 그러다 보니 조 검사장이 후배 여성 검사들에게 예전에는 여성 검사가 자기 혼자였다고 하면 "그럴 수도 있어요?" 하면서 좀처럼 믿기지 않는다는 표정을 짓지만 그건 사실이다.

조 검사장이 1990년에 검사로 발령받았을 때 여성 1호 검사라는 이유로 언론의 주목을 받았다. 그 이후 검찰인사 때마다 전국 최초의 여성 부장검사, 차장검사, 지청장 등의 타이틀로 언론에서 관심을 받았다. 1호 제조기라는 별명까지 붙을 정도였다. 하지만 그 당시는 그런 타이틀이 부담스럽기만 했다.

"여성 최초라는 이유로 기사화되는 것이 솔직히 부담스러웠어요. 여성 검사로서가 아니라 그냥 검사로서 인정을 받을 수 있는데 여성이라는 것이 늘 두드러지는 것 같아 아쉬움 같은 것이 있어요. 여성 검사가 아니라 검사로서 훌륭하다는 평가를 받아야 하는 것이 아닌가 하는 생각을 하기도 했지요."

내가 조 지검장을 알게 된 것은 거의 20년이 돼간다. 조 지검장은 1998년에 법무부에 신설된 여성정책 담당관으로, 나는 대통령 직속 여성특별위원회 기획과장으로 회의에서 만났다. 여성정책 담당관은 1998년 김대중 정부가 들어오면서 신설된 조직이다. 조 지검장은 여성정책 담당관을 하면서부터 여성 이슈에 관심을 갖기 시작했고 성폭력, 가정폭력, 성매매 등 '여성에 대한 폭력' 범죄수사에서 피해 여성의 인권 문제를 제도 개선으로 이끄는 성과를 냈다. 여성부 남녀차별개선위원회에 차별개선위원으로 활동하면서 직장 내 성희롱 등 여성인권 문제를 파고들었다.

"일을 할수록 검찰 내 최초의 여성이라는 타이틀도 부담보다는 여성들에게 새로운 진로를 제시하고 직업 선택의 장을 확장시키는 데 일조했다는 생각으로 변했어요."

누구나 자신이 열정으로 힘써야 하는 역할이 있고 기여할 수 있는 재능이 있다. 조 검사장은 후배 여성들이 검찰에서 역량을 발휘하고 꿈을 실현할 수 있도록 실마리를 제공하고 이끌어주고 도와주는 역할도 자신의 역할이라고 생각이 바뀌었다고 한다.

조 지검장도 늘 탄탄대로만 달린 것은 아니다. 출산 후 급격한 건강악화로 질병휴직을 해야 했고 그 덕분에 중간관리자인 고검검사급(부부장) 승진이 동기보다 1년 늦었고 검사장 승진도 동기보다 늦어졌다. 2013년 검사장 승진 탈락의 고배를 마신 뒤에 많은 생각을 했다.

"내가 승진할 만한 자격을 갖추었는지, 진짜 경쟁력이 있는 건지, 긍정적으로 최선을 다했는지……. 많은 성찰을 했어요."

조 검사장은 승진탈락 후 법무연수원에서 연구위원으로 재직하면서 연구와 정책개발에 힘을 썼다. 조 검사장은 법무연수원 최초로 주제별 세미나를 개최해 연구 성과를 높였고 법무연수원 신축 청사에 애초 설계에 반영되지 않았던 직장 어린이집의 필요성을 적극 개진하면서 요건을 충족하지 못하는 여건에도 주위의 여러 이전 기관과 함께 협의체를 구성해 공동으로 직장 어린이집을 설치 운영하는 방안을 이끌어냈다. 현재 조 검사장은 성 관련 범죄, 가정폭력, 아동학대, 성매매 등 각종 범죄와 여성 리더십 등을 연구하는 검사들의 동아리 모임인 '성 가족범죄 전문검사 커뮤니티'의 좌장(회장)을 맡고 있다.

조 검사장은 후배 여성 검사들에게 적극적인 미래 전략과 전문성을 강조한다. 비단 여성 검사뿐만 아니라 각 방면의 사회 진출을 꿈꾸는 여성들에게 똑같이 해주고 싶은 말이다. 또 하나 강조하는 것은 주인의식이다. 상사의 지시로 의무적으로 일하는 것이 아니라 내가 하는 일의 성과가 조직의 성과로 이어지고 있다는 것에 자부심과 책임을 갖고 일을 완성도 높게 처리할 때 개인과 조직이 함께 성장하기 때문이다.

고비고비 견디다 보니 오늘이 왔다

효성ITX에서 빅데이터 업무를 담당하고 있는 탁정미 상무도 그동안 사직서를 내려 했던 적이 한두 번이 아니었다. 실제로 사직서를 제출한 적도 있었다. 마음의 굴절만큼 보직도 다양했다. 효성그룹 공채로 입사하여 전산실에서 시작해서 회장비서, 교육훈련 및 인사, 콜센터 구축 컨설팅 및 운영과 인사업무를 거쳐 지금은 빅데이터 업무를 맡고 있다.

그녀가 세 번째 보직인 IT 계열사 인사팀에서 일할 때의 일이다. 인사기획과에서 역량개발 교육설계를 맡았다. 첫 아이를 낳고 2년을 훌쩍 넘겼을 때 상사로부터 인사팀장 자리를 권유받았다. 누구나 가고 싶어하는 자리였다. 그런데 그녀는 둘째를 임신 중이었다. 도저히 새로운 직무를 맡기에는 무리였다. 이렇게 말할 수밖에 없었다. "본부장님, 아무래도 인사팀장을 맡기 어려울 것 같습니다."

한 달 후 새 인사팀장이 왔다. 그녀도 둘째를 낳고 다시 직장에 복귀했다. 하지만 그녀를 바라보는 시선은 첫 출산 후 복귀 때와는 사뭇 달랐다. 많은 워킹맘들이 육아휴직 복직 후 주변의 따가운 시선을 견디는 것이 힘들 때가 있다. 지금이야 육아휴직 수도 증가하고 있고 저출산문제가 워낙 사회현안이 되다 보니 육아휴직에 대한 인식이 달라졌지만 제도 초창기에는 상황이 달랐다.

나의 오래된 지인 K는 말한다. 전 직장에서 있었던 일이다. 직속 상사가 동료직원에게 하던 폭언을 K는 아직도 잊지 못한다. 동료직원은 그 회사에서 아이 둘을 낳았다. 회사에 복직하고 나니 상사가 소리쳤다. "회사가 애를 낳는 공장이냐?" 아직도 K는 그 말을 잊지 못한다. "어떻게 그런 말을 부하 직원에게 할 수가 있어요?"

탁 상무도 무언의 눈초리와 침묵이 따가웠다. 결국 못 견디고 한참을 고민한 후 사직서를 내고 말았다. 사직서를 낸 후 얼마나 됐을까? 사직서 수리 대신에 인수한 지 얼마 되지 않은 작은 회사 인사팀장으로 발령이 났다. 기업 문화, 인적구조, 사업 내용 등 모든 게 낯설었다. 다른 회사로 이직 결심을 하고 자리도 잡아놓았던 터라 이번에는 진짜 그만두겠다고 마음먹었다.

어찌 알았는지 그룹 선배가 연락했다. "딴 맘 먹지 말고 일해라. 그냥 해라." 하지만 회사의 지원본부장에게 이런 말도 들었다. "이런 회사에 왜 왔나? 자네한텐 어울리지 않아. 사람 등 두드려주면 굴러가는 회사지. 일이 없어." 하지만 '이왕 왔으니 발자취는 남기고 가자'는 생각으로 맡겨진 일에 집중했다. 지금 회사로 온 지 벌써 14년째다. 버티고 견디면서 말없이 일하다 보니 오늘이 왔다.

"일은 항상 힘든 것 같아요. 하지만 내가 하는 일에 가치를 두니 버티는 힘도 생기고 업무성과도 났어요."

082

2장

●

Attitude

태도

　1980년대 이후 우리 사회의 양성평등을 위한 노력은 여러 면에서 줄기차게 이어져 왔다. 여성 정책을 주도적으로 추진해 온 정부와 여성단체의 활동도 티핑 포인트의 매개자 역할을 톡톡히 했다. 그럼에도 우리나라는 세계경제포럼WEF의 「세계 성 격차 보고서 2016」에 의하면 조사 대상 144개 국가 중 116위인 세계 최하위 수준이다. 성 격차 지수는 도대체 올라갈 기미가 보이지 않는다. 세계경제포럼은 이대로라면 170년 뒤인 2186년까지 전세계적인 양성 간 격차가 좁혀지지 않을 거라고 전망했다.

　한국 여기자협회 채경옥 회장도 "한국의 젠더 문화는 산꼭대기로 바위를 밀고 올라가는 개미를 연상시킨다"고 말한 『남자의 종말』을 쓴 해나 로진의 이야기를 인용하며 한국여성들의 어려움에 관해 이야기했다. 한국이 1인당 국민소득이 10년째 2만 달러대에서 머물고 있는 것이나 세계 최저 출산국가의 위기에서 십수 년 동안 벗어나지 못하는 것은 아시아를 통틀어 가장 후진적이고 불평등한 젠더 문화와 무관하지 않다는 것이다. 이렇게 어려운 현실을 극복하기 위해서라도 각 분야 여성들의 '성장'이 더 절실해진다.

　하지만 이런 일도 있었다. 2015년 모 기관에서 특강을 했다. 주제는 사회변화와 양성평등. 끝나고 나서 질의응답 시간이 있었다.

한 여성이 손을 든다. "지금 한국사회는 양성평등이 이미 실현됐어요. 더 이상 여성 문제를 이야기할 필요가 없어요." 그녀의 발언을 듣고 난 금방 알아차렸다. 보통 고위직에 오른 여성들이 쉽게 빠지는 착각이 있다. 자기가 괜찮다고 남들도 다 괜찮을 것이라는 착각. '내가 실력으로 올라왔으니 너희도 열심히 일하면 되잖아.' 하는 착각. 여성 리더라면 우리 사회의 여성 문제에 관심을 갖고 해결방안도 생각하고 공감대를 형성해야 한다. 나의 지나친 기대일까? 생각해보니 내가 그동안 만난 여성 리더들은 여성 문제에 관한 관심도 남달랐다. 그들의 여성 문제에 관한 관심은 여성후배들도 키워냈지만 종국에는 자기자신을 '계속 성장시키는 힘'이 되었을 것이다.

이번 장에서는 성장 메이커의 두 번째 요소로 '태도'에 대해서 이야기한다. 성장을 멈추지 않기 위해서는 마인드셋을 실천하는 '태도'가 필요하다. 170년 뒤를 꿈꾸면서 현재 상황 탓만 하고 있을 수는 없기 때문이다. 사회의 유리천장을 탓하기 전에 내 안의 유리천장을 부수고 적극적인 태도를 갖추어야 성장을 향하여 한걸음 한 걸음씩 다가갈 수 있다.

오프라 윈프리는 저서 『내가 확실히 아는 것들』에서 "내가 확실히 아는 것이 있다면 '문을 닫아거는 그런 삶을 살고 싶지 않다'는 것"이라고 말했다. 그녀는 살아가는 하루하루가 가능성의 범위를 확장하는 새로운 시작이 되기를 원했다. 성장 메이커의 스타팅 포인트starting point인 마인드셋이 되어 있다면 그다음에는 실천이 필요하다. 그러면서 오프라 윈프리가 이야기하는 나의 가능성의 범위가 조금씩 확대되는 것이다. 마인드셋은 태도를 통하여 보여지고 실천된다. 태도는 마인드셋의 외면인 것이다. 그러면 어떤 태도를 가져야 할 것인가? 제2장에서는 성장 메이커의 한 축인 태도에 대해 이야기하겠다. 실행을 쉽게 해주는 요건들과 자기완성을 위해 아직도 노력하고 있는 분들의 이야기들도 소개하였다.

나도 확실히 알고 있다. 성장을 원하고 있고 아직도 성장하고 있는 그녀들은 '여성이니까'를 깨뜨리는 바로 그 지점. 티핑 포인트의 매개자라는 것을…….

:: 문을 두드려라

"엄마! 회사 안 가면 안 돼?" 하면서 출근길에 옷을 붙잡고 매달리던 딸들이 어느새 전문직을 꿈꾸는 여성이 됐다. 대학 졸업 후 무엇을 할지 막막해하더니 대학원을 끝내고 드디어 취업전선에 뛰어들었다. 보니 여기저기 원서를 넣고 있었다. 나는 국제기구에도 도전해보라고 권했다. "UN, OECD, ILO 등 지원할 수 있는 곳은 다 지원해보렴."

아이는 망설인다. "경쟁률이 너무 세. 합격할 수 있을까? 괜히 헛수고만 하는 거 아닐까?"

나는 말했다. "얘야, 지원하지 않으면 기회도 없는 거야. 무조건 지원해봐. 1%의 가능성은 있지 않겠니?" 엄마의 성화에 못 이겨 OECD에 원서를 냈다. 결과는? 다음과 같다.

2015년 3월 어느 토요일 초저녁이었다. 평소에는 거의 울리지 않는 집 전화가 갑자기 울린다. "따르릉 따르릉" 졸고 있던 우리

집 고양이 '하니'가 화들짝 놀란다. 집으로 걸려오는 전화는 거의 보이스피싱 아니면 텔레마케팅이다. 지난 몇 년간 이 두 가지가 아닌 전화가 온 적이 없었다. 그날도 그런 줄 알았다. '아니, 저녁 늦게 무슨 전화일까?' 마지못해 남편이 전화를 받았다. 웬일일까? 남편의 얼굴이 금세 환해진다. 갑자기 환해진 얼굴을 보고 나는 '혹시 그 소식이 아닐까?' 했다.

우리 모녀가 6개월 동안 애타게 기다리던 소식이 있었다. 그날이 토요일이었지만 3차 면접에서 인터뷰했던 사람이 "네가 기다릴 것 같아서 곧바로 알려준다."라면서 전화를 했더란다. 그의 첫 마디가 "축하한다. 후보자 중에서 너를 1순위로 뽑았다. 너 입사할 거지? 다음 주 화요일까지 입사할지 안 할지를 알려줘."였다.

"위 실렉티드 유 애즈 아워 퍼스트 초이스We selected you as our first choice."

들어도 들어도 좋은 말이었다. 처음 원서를 낸 것은 2014년 10월이었다. 6개월 동안 서류전형, 필기시험, 그리고 2015년 2월 파리에서의 현장 면접을 거쳤다. 6개월은 정말 긴 시간이었다.

1984년 내가 행정고시에 합격했을 때만큼 기뻤다. 우리 엄마도 내가 합격했을 때 이런 기분이었을까? 당시의 내 기쁨은 더도 말고 덜도 말고 딱 이것이다.

'이제 직업을 가졌구나.'

합격한 포지션은 청년전문가YP Young Professional이다. YP는 젊은

이들이 OECD에 들어갈 수 있는 정통 코스이다. 직책은 정책분석 관policy analyst. 지원대상은 홈페이지 www.oecd.org에 자세하게 나와 있다. 기본적인 자격은 회원국 중에서 석사학위 취득자 중 2년 이상의 현장 경험을 취득한 만 33세 이하인 사람이다. OECD 회원국은 현재 34개국이다.

2014년 선발에는 전 세계의 취업난을 반영하듯 7,000명이 넘는 지원자가 몰렸다. 그중 열아홉 명을 선발했으니 경쟁률만 430대 1이 되는 셈이다. 사람들은 어떻게 합격했는지 비결을 물어보지만 한마디로 말하기 어렵다. 그동안 좌절과 실패도 수없이 많이 했다. 게다가 정보력이 떨어져 여러 가지로 불리하다고 이야기하는 워킹맘의 자녀이다. 하지만 이제 시작이다. 그리고 잊지 말자.

"실행하지 않을 때는 기회조차 없다. 지원해야 합격통지서도 받을 수 있다는 것을 기억해야 한다."

99통의 낙방통지서 앞에서도 포기는 없다

유주현 양은 정부기관인 LA 노숙자지원기관에서 데이터 분석 및 연구 매니저로 근무하고 있다. 그녀의 업무는 4명의 GIS 및 통계 연구원들을 관리하고 노숙자 관련 정책 결정을 위한 연구 프로젝트 설계와 연방정부에서 요구하는 노숙자 인구 총조사 데이터 수

집 및 분석을 관리 및 감독하는 역할이다. LA시와 카운티가 수립한 노숙자 예방 및 지원정책과 관련된 일이다.

"이 정부기관에 오기 전에는 6년간 '성장 프로젝트Advancement Project'라는 시민단체에서 정책분석가로 경험을 쌓았어요. 그 경험을 토대로 이 자리까지 오게 됐어요."

미국에서의 첫 직장인 성장 프로젝트는 소수자와 빈곤층을 위한 사회정책을 지지하는 시민단체로 주요 업무는 정책결정에 도움을 줄 수 있는 통계분석 등 양적 연구를 하는 것이었다. "실제로 제가 만든 공공학교 예산 우선순위 공식을 바탕으로 로스앤젤레스 교육청에서 좀 더 공평한 예산분배를 하는 정책을 세우기도 했어요." 성장 프로젝트는 미국 LA와 워싱턴 D.C.에 사무실이 있다.

미국에서 그녀의 도전은 10년 전부터 시작됐다. 그녀는 2007년 서울에 있는 대학을 졸업하고 텍사스 오스틴에 있는 텍사스주립대 석사과정에 진학했다. 우수한 성적으로 장학금까지 받았다. 일반적으로 석사과정에는 장학금이 적기 때문에 장학금 받기가 쉽지 않다. 그런데 그녀가 당당히 뽑힌 것이다. 보통 미국 유학을 간다고 하면 돈이 많은 계층만 갈 수 있다고 생각하지만 대학원 과정은 연구조교나 장학제도가 많아 꼭 그렇지만은 않다.

텍사스주립대를 졸업한 후에는 진로에 대해 고민을 했다. 박사과정으로 갈까? 아니면 취업을 할까? 박사과정으로 바로 진학을 할까도 생각해보았지만 현장 경험을 쌓고 싶어서 미국에서 직장을 구하기로 마음먹었다. 하지만 그 과정은 생각보다 험난했다. 지원서를 100군데 이상 내야 했다. 하지만 두 번째 직장은 첫 번째 직장에서의 경험이 있기 때문에 쉽게 구할 수 있었다. 한 번만 문지방을 넘으면 그다음은 경험이 쌓여서 첫 번째보다는 수월하게 옮길 수가 있다. 처음 진입이 제일 힘들다. 게다가 외국인이었다. 미국 시민권은커녕 영주권도 없는 상황에서 외국인이 취직하기란 지금이나 그때나 하늘의 별 따기이다. 이력서를 정성껏 만들어서 지원하고 또 지원했다. 하지만 거절하는 편지만 반복적으로 돌아왔다.

"미안합니다. 당신 이력서는 훌륭하지만 우리 회사에 맞지 않는 것 같습니다. 당신 인생에 더 좋은 기회가 올 것을 기원합니다."

그녀는 취업 합격통지서 1통을 얻기 위해서 낙방통지서 99통을 받아야 했다. 자기 자신에 대한 신념이 없거나 정신력이 약한 사람이라면 곧 포기해버리게 마련이다. 99통의 거절편지를 받았다고 생각해보라. 실망하고 낙담하고 좌절할 수밖에 없다. 하지만 그녀는 달랐다. 굴하지 않고 '끝까지 도전'을 택했다. 포기란 없었다. 계속 지원하면서도 희망의 끈을 놓지 않았다. 항상 긍정적인 그녀에게는 좌절 같은 건 통하지 않았다. 그런 긍정의 힘이 미래의 자아상을 만들고 목표를 향해 질주할 수 있는 에너지와 열정을 가져왔다.

"다 잘될 거야. 조만간 좋은 소식이 올 거야."

옆에서 보아도 그녀의 도전과정은 무모해 보였지만 긍정의 힘은 석사과정에서 장학금을 받은 것처럼 이번에도 통했다. 드디어 한

곳에서 연락이 온 것이다. 그곳이 바로 '성장 프로젝트'이다.

"축하드립니다. 우리는 당신과 함께 일하기로 결정했습니다."

그렇게 그녀는 취업의 문지방을 넘은 뒤 6년간 능력을 마음껏 발휘하며 착실하게 경험을 쌓았다. 일도 보람 있었다. 지금은 정부 기관으로 옮겼으니 그녀의 성장 스토리는 아직도 진행 중이다.

나는 그녀를 한 번도 본 적이 없지만 칭찬하는 이야기를 워낙 많이 들어서 그런지 잘 아는 것 같은 착각이 든다. 사실 그녀는 남편의 제자이다. 남편은 그녀 이야기를 할 때마다 기특하고 흐뭇한 표정을 진다.

"주현이는 진짜 대단해."

공부도 열심히 했지만 삶을 대하는 태도가 진지하고 긍정적이라서 그녀가 유독 기억에 많이 남는단다. 그녀는 낯선 땅에서 외국인이라는 어려움을 딛고 LA 노숙자를 지원하는, 의미 있는 일을 하며 지금도 성장하고 있다. 도전을 멈추지 않는 힘은 불가능하게 보이는 일도 가능하게 만든 것이다. 죽을 때까지 성장하고 싶은 그녀와 그녀가 선택한 일을 응원한다.

∷ 긴 호흡을 갖자

중국 고사성어 중에 새옹지마塞翁之馬가 있다. 세상에 좋은 일, 나쁜 일이 언제 어떻게 올지 모른다는 사실을 아는 게 쉬운 일이 아니다. 좋은 일이 나쁜 일이 되기도 하고 나쁜 일이 좋은 일이 되기도 한다. 긴 호흡을 갖고 주어진 상황 속에서 나의 길만 보고 가는 것이 필요하다. 긴 인생을 사는 것이니 일희일비하지 말고 길게 보아야 한다는 말이다.

그때 포기했더라면 오늘의 '나'는 없다

돌이켜보니 10대에는 진학을 위해 최선을 다했던 시기였다. 인생의 첫 관문인 입시 때문에 스트레스도 받고 힘들기도 하다. 하지만 사회에 막상 나와보면 학교 이름이 생각보다는 중요하지 않다는 것을 깨닫게 된다. 학교는 학교 이름보다는 학연으로 뭉쳐질 때 좋은 의미이든 나쁜 의미이든 힘을 더 발휘하는 것 같다.

20대에는 '미래에 내가 하고 싶은 일에 진입'하기 위해 어느 정도 실행 가능한 목표를 세우고 실행해야 한다. 하지만 문지방을 넘는 것이 힘든 것은 보통 사람이나 영향력 있는 사람이나 마찬가지인가 보다. 말콤 글래드웰도 저서 『그 개는 무엇을 보았나』에서 본인의 힘들었던 20대를 공개했다. 대학 졸업 후 광고회사에 취직하려고 했지만 18번의 낙방편지만 받고 끝까지 합격통지서를 받지 못했다고 한다. 어쩔 수 없이 프리랜서 생활을 했다. 그러다가 능력을 인정받아 『워싱턴포스트』를 거쳐 『뉴요커』 잡지에 입사했고 세계적인 베스트셀러 작가가 됐다.

통찰력과 지혜가 번뜩이는 글을 보면 잘 안 풀렸다는 20대의 모습이 쉽게 떠오르지 않는다. 그가 2016년 9월에 미국 앤아버에 있는 미시간주립대 대학생들 대상으로 특강을 했다. 혁신가의 조건을 주제로 한 강의에서 그는 앞으로 미래는 어떻게 될지 아무도 모르니 과거에 연연하지 말자고 강조했다. 사람도 변하고 사회도 계속 변한다는 것이다. 10대나 20대에 발견하지 못한 재능을 50대에 발견한 사람도 있다. 로스쿨은 자퇴했지만 기업에 가서 성공한 사람도 있다. 칼리 피오리나의 이야기이다.

칼리 피오리나는 자서전 『칼리 피오리나 힘든 선택들』에서 로스쿨을 한 학기 만에 때려치운 이야기를 담담하게 회고한다. 아버지가 법조인(나중 항소법원 법관까지 올랐다고 함)이어서 더 실망했는지도 모르겠지만 그녀가 로스쿨을 그만둔다고 했을 때 부모님의 표정을 잊지 못했다. 하지만 낙담하는 부모님을 간신히 설득한 피오리나는 회사에 취직해 비즈니스우먼으로서 재능을 발휘한다. 각자의 타고난 재능이 따로 있는 것이다.

나의 젊은 시절도 힘들었다. 중요한 인생관문에서 두 번의 실패를 경험했기 때문이다. 대학입시와 행정고시 실패가 그것이었다. 두 시험 모두 내 인생을 좌우하는 시험이었지만 한 번에 멋지게 합격하지 못했다. 아침에 6시에 도서관에 가서 저녁 12시에 집에 오는 힘들고 고달픈 수험생활을 2년간 했다. 일요일이고 명절이고 없이 학교 도서관에 갔다. 그러나 그렇게 열심히 했건만 그해 낙방했다. 점수는 높았지만 선택과목에서 과락에 걸려 떨어졌다. 내가 태어나서 경험한 두 번째의 패배이다. 낙방의 아픔은 깊고도 오래 갔다. 하지만 패배를 극복하고 다시 일어설 수 있었던 힘은 이대로 쓰러질 수만은 없다는 나 스스로에 대한 자존감 때문이었다. 지금은 이렇게 담담하게 이야기하지만 힘들고 외로웠다. 그때 만일 포기했더라면 오늘의 나는 없었을 것이다.

실력을 갖췄다면 언제든 승진할 수 있다

30대에는 출산과 육아로 힘든 시기이기도 하고 승진이나 창업에서 좌절을 맛보기도 한다. 하지만 조급하게 생각할 필요가 없다. 정말 일을 똑 부러지게 잘하는 후배가 있었는데 그만 승진에서 떨어졌다. 섭섭해하는 그녀에게 나는 이렇게 메시지를 보냈다.

"실력을 갖추고 있으면 언제라도 승진이 되지요. 문제는 기본을 안 갖춘 경우랍니다. 당신은 실력이 있으니 걱정할 필요가 없어요."

후배는 이 말에 많은 위로를 받았다고 한다. 정말 6개월 후에 후배는 당당하게 자신의 실력으로 승진에 성공했다.

40대가 되면 직장에서나 가정에서나 어느 정도 자리를 잡게 되지만 여전히 숨이 차다. 직장에서 스트레스도 많고 가정 내의 현안도 많다. 이럴 때 건강에 무리가 오는 분들을 자주 보았다. '건강' 하니까 생각나는 얼굴들이 있다.

다른 부처에 공무원 생활을 시작할 때부터 알고 지내던 여자 국장이 있었다. 능력도 있고 성품과 태도도 좋고 행복한 가정까지 정말 다 갖춘 인재였다. 매사가 긍정적이었고 항상 웃는 얼굴이었다. 그런데 그녀가 갑자기 아프다는 소식이 들려왔다. 일만 하고 건강을 돌보지 못한 것이 화근이었다. 유방암에 걸린 것을 몰랐다. 벌써 10년째 투병 중이다. 어느 정도 회복을 하고 2014년에는 『암이래요. 이제 내가 어떻게 해야 하나요』라는 책도 펴냈다. 삶에 대한 강한 의지와 긍정의 힘으로 고난을 딛고 일어서려고 노력하는 그녀에게 정말 아낌없는 응원을 보낸다. 글을 쓰다 보니 갑자기 그녀가 보고 싶어진다. 겨울이 다가오는 길목에서 그녀는 지금 어떻게 지내고 있을까?

넘어야 할 산이 많으니 체력과 건강을 챙기자

여성들과 오랫동안 같이 근무해온 공공기관장 K는 뜻밖의 이야기를 한다. 여성들이 특히 조심해야 할 것은 '체력과 건강'이라는 것이다. 가정과 직장생활을 병행하려면 무엇보다도 체력이 좋아야 하는데 체력이 약해서 모든 것이 한순간에 무너져버리는 사례들을 많이 봐왔기 때문이다. 사실 워킹맘의 가사 시간을 보면 K의 말이 실감이 난다. 2016년 7월 여성가족부와 통계청에서 「2015 통계로 보는 여성의 삶」을 발표했다.

가사노동 시간은 이렇게 차이가 난다. 맞벌이 여성은 하루 평균 3시간 13분 가사노동을 하지만 맞벌이 남성은 41분에 불과했다. 똑같이 직장생활을 해도 여성은 남성보다 무려 5배나 일을 더 한다. 이러니 힘들 수밖에. 잠이 부족할 수밖에. 나도 아이들 키울 때 항상 잠이 부족해 허덕허덕했다. 잠 좀 한 번 실컷 자봤으면…….

워낙 내가 잠이 많아서 그랬을 수도 있다. 남들은 여섯 시간만 자도 충분하다는데 난 최소 7시간은 자야 했다. 잠이 많은 것이 게을러 보이고 창피했는데 코넬대 제임스 마스 교수의 책을 읽고 위로가 됐다. 제임스 마스 교수는 수면의학의 선구자로 저서 『달콤한 수면으로 상쾌한 아침을 여는 책』을 발간했다. 한마디로 잠을 충분히 자야 건강해진다는 것이다.

미국의 신경정신과 의사인 루안 브리젠딘은 저서 『여자의 뇌 여자의 발견』에서 실제로 엄마들은 출산 후 1년 동안 7,000시간이나 되는 수면시간을 놓친다고 말한다. 잠도 부족한 상태에서 직장과 가정의 스트레스까지 겹친다면 워킹맘들은 이래저래 건강과 체력 유지가 쉽지가 않다. 몇 년 전 어떤 여성 정치인이 한 인터뷰에서 "다시 태어난다면 곤충이라도 수컷으로 태어나고 싶다"고 이야기한 걸 읽었다. 모두에게 선망의 대상인 그녀였지만 그런 그녀도 직장 내에서 일과 가정을 병행하기가 얼마나 어려웠으면 그런 말을 했을까? 넘어야 할 산이 많은 만큼 '나를 성장시키는 힘'은 계속 필요하다.

:: 반드시 실행한다

"징징대는 것은 못 참겠다. 나는 어떤 사람들이 자기의 선택이 마음에 들지 않아서 빠져버리는 마비 상태를 견딜 수가 없다. 우리는 선택이 엄청나게 많은 시대에 살고 있다. 돈이 있으면 분명 도움이 되고 경제적 특권은 큰 힘이 된다. 하지만 돈이 꼭 있어야 하는 것도 아니다. 자기 자신에게 공들여야 한다. 뭐든 일단 하라!" 힐러리 클린턴이 한 말이다. 일에서 오는 성취감은 진정한 행복감을 주는데 그것은 본인에게 주는 가장 큰 선물이다. 후배들에게 늘 하는 말이 있다.

"젊었을 때 한 번은 마음먹은 것을 꼭 해내라. 한 번이라도 성공해라."

이때 성공은 거창한 성공을 의미하는 것이 아니다. 꼭 하겠다고 마음먹은 것을 이루어보라는 뜻이다. 한 번이라도 해내야 '자신감이 생기고 그 자신감이 또 다른 성공을 낳는다.' 마음먹은 것을 하나라도 성공시키려면 일단 실행해야 한다.

마음먹은 것을 이루고 싶다면 당장 하라

내가 제시하는 '실행을 쉽게 하는 요건'은 다음과 같다.

1. 강력한 동기
2. '실현 가능'한 목표와 늦장 피우지 않기
3. 롤모델 만들기

-첫째, 강력한 동기

실행하기 위해서 가장 필요한 것은 누가 뭐라 해도 역시 '동기'이다. 동기는 실행의 첫 번째 조건이다. 유주현 양도 미국에서 취업하겠다는 강한 동기가 있었다. 또 베인앤드컴퍼니의 송지혜 파트너도 기업 경영 전략을 짜는 일을 해보고 싶다는 강한 동기가 있었다. 성공한 여성 리더들은 어려서부터 '어떤 일을 하고 싶다'는 강한 동기와 분명한 목표가 있었다.

내 친구 중에 순희가 있다. 그렇게 공부를 열심히 할 수 없었다. 고등학교와 대학교를 수석 졸업했으니 '공부' 하면 순희였다. 완벽한 노력파이다. 침대버그(침대에만 누워 있는 사람을 풍자하는 말)가 아니고 책상버그였다. 지금은 캐나다 토론토에 있는 IT 회사 임원이다. 내가 그녀에게 물었다.

"언제부터 그렇게 공부를 잘했어?"

사연이 있었다. 순희는 초등학교 6학년 때 담임선생님이 그날 그 말을 하기 전에는 지금과는 다른 모습의 소녀였다. 평범하고 조용한. 그러던 어느 날 청소시간이었다. 복도 당번이었는데 그날 따라 정말 열심히 열심히 마루를 닦았다. 땀을 뻘뻘 흘리며. 그런데 우연히 선생님께서 보셨다. "순희야, 너 정말 청소를 열심히 하는구나!" 하면서 반 친구들 모두 모인 자리에서 칭찬하셨다.

"너희들도 순희처럼 작은 일에도 정성을 다해야 하고 남들이 안 보는 데서 더 열심히 해야 한다."

그렇게 선생님께서 말씀하시는데 가슴이 막 뛰었다. '앞으로 청소뿐 아니라 공부를 열심히 해서 인정받아야겠다.' 그래서 공부에 열정을 쏟게 됐고 존재감 없는 학생에서 우등생으로 변했다. 선생님의 말씀 한마디가 내면의 동기에 불을 지른 것이다. 순희는 지금도 선생님께 감사하는 마음을 가지고 있다.

상사의 안 된다는 말에 동기가 생긴 경우도 있다. 케티 케이와 클레어 시프만은 저서 『나는 오늘부터 나를 믿기로 했다』에서 크리스틴 라가르드 IMF 총재의 사례를 소개했다. 라가르드는 파리에서 법대를 졸업한 후에 프랑스 법률회사에서 근무했는데 회사 사장은 이렇게 말했다. "여자는 절대로 임원으로 함께 일할 수 없다." 아마도 상사의 절대로 '(임원으로) 일할 수 없다'는 그 말이 자존심이 강한 그녀에게 강한 동기를 부여했을 것이다. 결국 라가르드는 프랑스를 떠나 미국의 법률회사로 갔다. 15년 후 그녀는 미국에서 가장 유명한 법률회사 베이커 앤 맥킨지의 임원이 됐을 뿐 아니라 그 회사 최초의 여성 회장이 됐다. 이런 식으로 친구나 선생님이나 가족 등 나의 밖에서 동기를 얻기도 하지만 나의 내면에서 스스로 만들어지기도 한다. 위인전이나 좋은 책을 읽으면서 생기기도 하고 결핍이 오기가 돼 동기가 생기기도 한다. 또한 의미가 있고 가치 있는 일을 한다는 자부심도 강한 동기를 유발한다. 동기가 만들어지는 과정은 다양하고 이렇게 복잡다단하지만 성공의 첫 시작이 '동기'에서 출발한다는 점은 명백하다.

–둘째, 실현 가능한 목표를 세우고 늦장 피우지 않기

그다음 실행에 필요한 것은 '실현 가능한' 구체적인 목표라고 생각한다. 여기서 내가 강조하는 방점은 '실현 가능'이다. 목표는 방향성을 설정하는 것이므로 중요하다. 하지만 야심이 크다고 너무 어려운 목표를 세우지 말자. 야심 있는 목표와 실현 가능한 목표는 전혀 다른 말이다. 야심이 있어도 실현 가능한 것이 있고 실현이 불가능한 것도 있다. 문제는 달성 과정에서 자기가 즐겁고 어느 정도 핸들링할 수 있는 목표를 세워야 실행의 정도가 높아진다는 점이다. 도저히 실현할 수 없는, 불가능한 목표는 좌절만 불러올 수 있다. 꿈은 크게 가지되 실현 가능한 목표를 잡는 것이 중요하다.

안탑깝게도 요즘 아이들은 목표가 무엇인지 모를 때가 많다.

"무얼 해야 할지 모르겠어요."

대학졸업을 앞둔 우리 딸들이 했던 말이다. 큰딸도 그러더니 둘째 딸도 그 모양이다. 나는 남들보다 사회 진출이 빨랐다. 23세에 벌써 사무관으로 임용됐고 27세에 딸을 낳았고 31세에 박사과정에 들어갔으니 정말 치열한 20대를 보낸 셈이다. 두 딸의 20대 모습과 나의 20대를 비교하면 내가 철이 일찍 들었던 모양이다.

우리 딸들이 제일 듣기 싫어하는 말은 "엄마는 그 나이에 '직장도 있고 딸도 둘'이나 있었는데 너는 결혼도 안 하고 직장도 없이 무엇을 하고 있느냐"는 소리이다. "졸업할 때까지 무슨 생각을 하고 학교 다녔는지 모르겠네."라고 애들을 혼내고 있는데 남편이 옆에서 하는 말이 더 가관이다. "요즘 아이들 다 그래."

목표를 설정하는 것을 어렵게 생각하지 말고 하고 싶은 것, 쉽게 할 수 있는 것부터 하자. 일단 시작해서 진행하다 보면 어느새 나도 모르게 늘어나고 있는 실력을 발견할 것이다.

실현 가능한 목표를 세웠으면 그다음에 할 일이 '당장 할 것'이다. 미루지 말자. 성공하지 못하는 사람들의 습관 중에 말끝마다 "해야 하는데……." 이런 말을 쓴다. "공부해야 하는데……." "세탁소에 옷을 맡겨야 하는데……." "방 청소를 해야 하는데……." "헬스장에 가야 하는데……." 일상생활에서부터 공부, 건강관리, 미래 준비에까지 미련을 안고 사는 사람이 많다. 그런 말을 하기 전에

'일단 하라'는 것이 나의 조언이다.

캐나다 캘거리대 경영대학원 교수인 피어스 스틸은 저서 『결심의 재발견』에서 조화로운 삶을 망치는 모든 것의 배후에는 '미루는 습관'이 있으며 이 습관은 좀처럼 고쳐지지 않고 변명만 양산해낼 뿐이라고 주장한다. '성공하는 3분 습관의 법칙'에서 성공하기 위한 습관을 쌓기를 강조한다. 왜 미루는 늑장의 버릇이 생기는지 들여다보면 가장 중요한 이유는 목표가 문제라는 것이다. 실현 가능한 목표가 아닐 때 늑장을 부리는 경향이 있다. 즐거운 일은 주저하지 않고 즉시 시작하게 된다는 사실을 생각해볼 때 만성적으로 늑장을 부리는 사람들은 삶에서 부여된 책임을 싫어하는 경향이 있는 것이고 결국 실패로 귀결되게 마련이다.

곧 명퇴를 준비 중인 선배 S의 이야기이다. 60세가 다 돼 가는데 자기가 좋아하는 직업을 갖지 못해 평생 마음에 한限이 맺혀 있다. 선배는 공부를 잘했다. 어려서의 꿈은 법조인. 그런데 지금은 평범한 직장인이다. 그런 선배에게 지금의 직장은 성에 안 찬다. 만족이 안 된다. 이제는 명퇴를 준비하고 있다. 그때나 지금이나 직장잡기는 하늘의 별 따기인데 남들이 보면 배부른 소리라 할지도 모른다. 선배의 삶을 보면 안타깝다. 왜 용감하게 법조인의 길에 도전을 못했을까? 그리고 도전을 못했으면 일찍 꿈을 접고 다른 꿈을 찾아야 한다. 실현 가능한 목표도 없었고, 실천도 안 하니 결과는 만족하지 못하는 삶이 돼버린 셈이다.

33년 전에 선배를 만났다면 내가 강하게 등을 밀었을 것이다. "실행해라. 아니면 포기해라." 어쨌든 둘 중의 하나는 해야 한다.

– 셋째, 롤모델 만들기

롤모델은 실행을 쉽게 해주는 효과가 있다. 특히 힘들거나 마음이 지쳤을 때 롤모델이 위력을 발휘한다. 롤모델을 통해 살아가는 방식을 배워보자. 굳이 롤모델을 성별로 분리할 필요는 없다. 나의 경우 롤모델도 많지만 살면서 상황마다 롤모델을 바꾸어왔다.

처음 행시 준비를 시작할 때는 시험에 합격한 대학 선배들이 롤모델이었다. 공부가 힘들어 헉헉대고 앞길이 안 보이는 것 같았지만 '나도 저분처럼 꼭 합격해야지.'라는 생각은 마음을 다잡아 먹는 데 큰 도움이 되었다. 앞이 막막하고 불가능한 것처럼 여겨질 때 더 위력을 발휘하는 것이 롤모델이다.

성장하기를 멈추지 않는다

준오헤어의 창립자인 강윤선 대표는 어려운 가정형편 때문에 고등학교를 간신히 졸업했다. 하지만 지금은 120개의 지점과 직원 2,500여 명을 거느린 당당한 여성 CEO이다. 1982년 두 명의 직원과 함께 창업했을 때와 비교하면 엄청난 성장을 했다. 내가 그녀를 처음 만난 것은 삼사 년 전쯤 된 것 같다. 그녀를 처음 본 순간 그녀의 긍정성에 깜짝 놀랐다.

"저는 스펀지예요." 스펀지? 무슨 뜻일까? 그 뜻은 이렇다. 타인의 장점을 스펀지처럼 빨아들인다는 것이다. "누구든지 배울 점이 있더라고요. 하나도 놓치지 않고 내 것으로 받아들이려고 노력했어요." 그 긍정 마인드가 놀랍다. 어려서부터 힘과 열정이 넘쳐서 별명이 마징가제트였다고 한다.

강 대표는 헤어 시장에서의 교육과 연구의 중요성을 일찌감치 깨달았다. 내가 머리를 만지면 하루 겨우 20명이지만 재능이 있는 제자들에게 교육을 잘 시켜서 실력 있는 헤어디자이너 20명을 양성하면 하루에 400명의 머리를 다듬을 수 있다고 생각했다. 질 좋은 제품을 개발하는 연구개발 사업도 블루오션이라고 예감했다. 이러한 선견지명은 우리나라의 경제가 좋아지고 미용에 점점 관심이 많아지면서 딱 맞아떨어졌다.

"미용은 자신감을 만드는 직업이에요." 그녀는 어려서 만난 고객이 어느새 커서 여성 리더로 성장해 있을 때 보람을 느낀다. "아, 내 고객이 이리 멋진 고객이었구나."

그녀는 고등학교를 졸업하고 바로 미용계에 뛰어들었다. 돈암동에서 처음 개업을 하고 3년 만에 자리를 잡았다. 그동안 손님 한 분 한 분에게 지극 정성을 다했다. 강 대표가 손님들의 머리를 만져주면 감각 있다고 좋아하며 계속 오고 또 다른 분을 소개해주고 하면서 번성했다. '단순하지만 세련되게'가 그녀의 전략이었다. 1982년에 준오헤어를 창립했다. 준오는 그리스 신화의 헤라 여신의 별칭인 주노를 한국식으로 바꾼 것이다. 프랜차이즈를 하지 않고 직영으로 한 것도 의미가 있다.

"프랜차이즈는 돈을 받고 노하우를 전수하는 거잖아요. 저는 진심으로 미용을 사랑하는 사람들과 함께하고 싶어서 직영을 고집했어요."

10년 넘게 근무한 직원들이 300명이 넘는다. 다 함께 늙어가는 친구들이다.

강 대표는 타고난 재능과 노력으로 금방 미용계의 신데렐라로 떠올랐다. 하지만 그녀는 거기에서 만족하지 않았다. 더 배우고 싶은 열정 때문에 결국 집을 팔아서 마련한 돈으로 직원 18명과 함께 영국 비달사순으로 미용 유학을 갔다.

"식물은 재배하면서 자라고 인간은 교육하면서 자란다는 말이 있어요."

이때가 1990년대 초이다. 전 재산을 들어먹느냐, 아니면 성공하느냐 베팅을 했는데 그 베팅이 강 대표의 손을 들어주었다. 힘든 것은 항상 힘들다. 어제도 힘들고 오늘도 힘들다. 내일도 힘들 것이다. 하지만 힘듦도 삶과 일의 한 부분이다. '힘들어 그만두어야겠어'가 아니라 '힘든데 어떻게 해결할까?'를 고민해야 한다. 그녀는 책에서 일을 해결하는 방안도 찾고 롤모델도 찾고 전세계를 스펀지처럼 빨아들이려고 노력했다. 1만 원 내외로 세상을 배우니 이렇게 싸고 좋은 선생이 어디에 있겠느냐면서 직원들에게도 독서경영을 접목하려고 노력하는 중이다.

직원들은 한 달에 한 권씩 책을 읽으니 10년 일한 직원은 120권을 읽게 되는 셈이다. 잘 나가는 경영자들은 왜 다들 독서가 중요하다고 할까? 제일 좋은 건 직접 경험을 하는 것이다. 근데 시간도 부족하고 제약 조건도 많아서 직접 경험하기 어려우니 독서를 통해 남의 생각과 경험을 체험하는 것이다. 책을 읽으면 직접 경험했던 분들의 지식이 자기 것으로 재생산되면서 주관을 만들게 된다. 그 주관은 어려운 일에 닥칠 때 헤쳐나갈 힘을 만드는 것이다.

"끊임없이 배워야 합니다."

강 대표는 여성들이 어차피 일하러 나왔으면 일에 집중하라고 조언한다. 요즘은 많이 나아졌지만 여성들이 스스로 한계를 긋고 그 안에서 주저앉는 사례들이 많아 안타까웠다. 시킨 일만 할 게 아니라 찾아서 하고 여자라서 못하는 것이 아니라 여자도 할 수 있다가 돼야 한다. 조직에서 때로는 희생할 줄도 알고 때로는 싫은 걸 참을 수도 있어야 한다고 강조한다. 조직에 대한 열정은 일에 대한 간절함에서 나오기 때문이다.

"사실 성공이란 말보다는 성장이란 말을 더 좋아해요.""성공은 고체가 아니라 액체예요. 흐르고 변화하는 것입니다." 실패 속에서도 성장은 멈추지 말아야 한다. 오늘의 실패가 내일의 성공으로 바

108

뛸 수 있는 이유가 여기에 있는 것이다.

자기완성을 위해 매진하라

박정숙 경희대 객원교수이자 호프키즈 단장은 2000년대 초 한류 문화의 선두주자 역할을 했던 MBC 특별기획 드라마 「대장금」의 문정왕후 역을 연기한 연기자 겸 방송인이다. 그녀는 SBS 「출발! 모닝와이드」와 MBC 「아주 특별한 아침」 등 간판 아침 방송프로그램 MC를 10년간이나 하면서 방송인으로 활발한 활동을 했다. 지금은 방송 활동을 당분간 접고 문화외교와 다문화청소년 봉사활동을 하고 있다. 방송계에서 승승장구하던 그녀이지만 오늘의 그녀를 만든 것은 80%는 도전이었고 20%는 오기였다.

박정숙 교수의 첫 사회활동은 대학 재학시절인 1993년에 대전엑스포 홍보사절단에 선발되면서부터이다. 대전엑스포 홍보사절단에 선발될 때 경쟁이 워낙 치열했던 만큼 남들이 볼 때는 운 좋게 됐나 보다 했겠지만 사실은 치열한 준비가 돼 있었다.

고등학교 시절 그녀는 공부도 잘하고 똑똑한 학생이었다. 하지만 대학입시에서 원하던 대학에 보기 좋게 떨어지고 인생 최초의 실패를 경험했다. 그 실패는 가족들의 실망과 본인의 좌절로 이어졌다. 어쩔 수 없이 후기 대학을 갔지만 '대학 이름이 평생을 좌우

하는 현실'을 받아들이는 대신 그녀는 도전을 택했다. 집은 서울의 서쪽 끝 화곡동. 학교는 북쪽 끝 공릉동. 엄청나게 멀었다. 학교에 가기 싫어서 매일 정동에 있는 영국문화원과 안국동에 있는 일본문화원을 들렀다. 문화원에서 제공하는 영어와 일어과정을 들으면서 외국어 공부에 매진함으로써 잃어버린 자존심을 채워나갔다.

　그렇게 쌓은 영어와 일본어 실력이 MC나 미국 유학생활에 결정적 역할을 했음은 말할 필요가 없다. 그녀의 적극성은 취업에도 적극 발휘됐다. 대학교 2학년 때 EBS 리포터에 선발된 것이다. 리포터로 일하며 학창시절부터 방송 경험을 쌓았으니 다른 사람들보다 취업에 한 발 먼저 나가 있었던 셈이다. 그리고 고비마다 도와주는 디딤돌이 있었다. 한 번 맺은 인연을 귀하고 소중하게 생각하는 태도가 가져온 당연한 결과인지도 모르겠다.

　SBS MC에 특별채용된 것도 우연이었다. 대전엑스포 홍보사절단 일이 끝나갈 무렵 우연히 모임에서 SBS PD를 만났다. 그분 하는 말 "사절단 끝나고 리포터할 생각 없어요?" "저, 리포터는 맘껏 했어요. 이제는 MC 하고 싶어요." 당당하게 포부를 밝혔다. 그녀의 자신감 있는 태도에 PD도 놀란 표정을 지으면서도 명함을 주고받았다. 그러고는 그 일을 까맣게 잊고 있었는데 어느 날 전화가 왔다. "생방송 MC 해보겠어요?" 그때 만났던 SBS PD였다. 그 이후 아침 방송을 11년 동안이나 진행하게 됐으니 사람의 인연이란 모를 일이다.

"지금 생각해도 고맙고 감사한 일이에요."

2003년 「대장금」에 출연하게 된 계기도 우연이었다. 아침방송을 하고 있을 때 옆 스튜디오에서 드라마 「허준」을 찍고 있었다. 자연스럽게 오고 갈 적마다 이병훈 PD를 만나게 됐다. 그러던 어느 날 이병훈 PD가 한마디 했다.

"한복이 참 잘 어울려요. 나중에 내가 드라마 다시 하면 한 번 출연해주세요." 했다. 지나가는 말로 하나 보다 했는데 몇 년 후 「대장금」을 기획하면서 정말 문정왕후 역을 제안했다. 우연히 출연하게 된 「대장금」 덕분에 한류스타라는 명성과 인기도 얻었지만 잃는 것도 있었다. 대장금 출연 이후 방송인으로서 본연의 임무인 MC 캐스팅은 안 되고 드라마 출연제의만 계속 들어오는 게 아닌가. 하지만 탤런트로 클 생각이 없었던 그녀는 유학으로 돌파구를 찾았다. 미국 컬럼비아대에서 국제학 석사학위를 받고 일본 게이오대 미디어정책 박사과정에 입학한 것이다.

현재 경희대 국제교육원에서 객원교수를 맡고 있다. 빌 게이츠가 7억 5,000만 달러를 기부해 2000년 GAVI가 수립된 이후 한국은 2010년 아시아 최초로 GAVI의 공여국이 됐는데 박 교수가 당시 한국 대표를 맡았고 현재는 어드보케이트Advocate를 담당하고 있다.

박 교수는 "우리나라의 위상이 높아지고 한류에 관한 관심이 커져 한국을 배우러 온 외국인들에게 언어 교육뿐만이 아니라 한국 브랜드를 접목해 가르침으로써 한국에 대한 이해를 더 높여줄 수 있다"고 이야기한다.

「대장금」의 중전마마 이미지로만 알고 있었는데 만나보니 국제개발에 관한 공부와 다문화 NGO 활동을 열심히 하면서 국제개발 전문가로서의 역량을 키우고 있었다. 그녀의 성장은 아직도 진행 중이다.

공부하는 데 늦은 나이는 없다

김미아 미국변호사는 50세에 미국변호사 자격시험에 합격했다. 미국변호사야 수도 없이 많지만 그녀의 스토리는 특이하다. 여상 출신으로 법학 공부를 한 적도 없는 가정주부가 미국변호사에 도전한 것이다. 그것도 두 아이의 엄마였던 40대 중반에. "돌이켜보면 이렇게 끊임없이 도전할 수 있었던 힘은 '공부에 대한 결핍'이었어요."라고 말했다.

"나이 사십이 되도록 제대로 된 공부를 해본 적이 없었어요." 그녀의 아버지는 '여자는 대학에 갈 필요가 없다'고 생각하신 분이다. 집안 형편이 어려운 것도 아니었다. 의류도매업을 하셔서 나름대로 먹고 살 만했다. 그냥 생각이 그러셨다. 한 번도 공부해보라고 하신 적이 없었다. 그냥 스스로 알아서 공부했고 학창시절 내내

우등생이었다. 하지만 여자는 고등학교를 졸업하고 취직하면 된다고 생각한 아버지는 상업고등학교에 갈 것을 고집하셨다. '공부는 남자나 하는 것'으로 생각하셨던 아버지를 꺾을 힘이 없어서 그냥 가라는 대로 진학했다. 당연히 학교공부가 재미없었다. 보다 못한 선생님께서 한마디 하셨다.

"아니, 왜 미아 같은 아이를 대학에 안 보내세요?"

그녀는 낮에는 직장에서 일하고 밤에 야간대학을 다니면서 디자인 공부를 했지만 더 심도 있는 공부에 목말라 했다. 그녀는 30대 중반에 미국 유학을 결심했다. 패션디자인 공부를 하고 귀국한 후 MI.K라는 여성 의류 브랜드를 런칭하고 디자이너로서 제법 성공을 거두었다.

그렇게 열심히 일에 매진할 때 시련이 왔다. 갑자기 병이 찾아온 것이다. 큰 수술을 했다. '이대로 죽나.' 하는 생각마저 들 정도로 심각했기에 일을 다 정리하고 건강에만 집중했다. 어느 정도 쾌유가 되니 가슴 깊이 있었던 공부에 대한 갈증이 다시 폭발했다. 그 무렵 의류업을 하면서 이런저런 송사에 연루됐는데 그때 느낀 것이 현장 경험이 있는 변호사들이 많지 않다는 것이다. 2017년부터 한국과 미국의 FTA 법률시장 개방에 따라 한국법률시장에서 미국 변호사의 수요가 늘어날 것이라는 비전을 보고 미국변호사에 도전하기로 마음을 먹었다. 또 패션계를 떠나 새로운 일도 해보고 싶었고 본인의 능력에 대한 테스트도 해보고 싶었다. 지금 못하면 영영 못할 것 같은 두려움도 들었고 눈을 감고 죽을 때 '아, 그것을 한 번 해보고 죽을걸.' 하는 후회를 남기고 싶지 않았다.

이때가 그녀 나이 47세. 40대 후반에 들어서는 가정주부가 미국 법학 대학원 과정에 진학할 용기를 갖기는 쉽지가 않다. 현실은 녹녹지 않았으며 남편의 반대도 심했다. 경제적 이유도 있었고 아이들이 중고등학생이어서 사춘기를 겪고 있었다. 또 그동안의 전공과 경력이 전혀 법조계와 관련이 없어 과연 법학 공부를 할 수 있을까? 하는 걱정도 되었다.

"정말 할 수 있겠어?" 남편의 질문이었다. "할 수 있어. 꼭 한 번 도전해보고 싶어."

"그럼 바 시험(Bar Test 미국변호사자격시험)에 합격할 자신 있으면 해봐." 그렇게 남편은 마지못해 허락했다. 드디어 그녀는 미국 노스웨스턴대 로스쿨LLM 과정에 진학했다.

로스쿨에 진학해보니 다른 학생들은 김 변호사보다 20년은 어렸다. 그들의 눈빛은 '저 아줌마는 저기 왜 앉아 있을까?' 호기심 반 우려 반의 눈길을 보내고 있었다. 공부는 역시나 힘들었다. 법적인 사고legal mind를 만들어가는 과정이 너무 힘들었다. 하지만 자신에 대한 믿음과 가족과 했던 약속이 있었기에 어려워도 이를 악물고 공부를 했다. 하도 작은 글씨의 책을 읽으니 눈이 침침해져서 '이대로 가면 실명되는 것이 아닐까.' 할 정도로 눈이 아팠다.

1년 LLM 과정만 해서는 객관식과 필기시험으로 구성된 시험을

114

한 번에 합격하기 어려웠다. 한 번의 낙방 끝에 그녀는 바 시험 공부를 시작한 지 1년 반 만에 워싱턴 D.C. 변호사 자격시험에 합격했다.

30대 중반에 디자인을 공부한다고 미국 유학을 간 것도, 40대 중반에 미국변호사에 도전하겠다고 마음먹은 것도, 자신감과 도전과 실행력 3박자가 갖추었기에 가능한 일이다. 그녀는 현재 법무법인 가을햇살(추양)에서 지적재산권 및 국제법 파트의 미국변호사로 일하고 있다. 김 변호사는 지금 새로운 도전을 꿈꾸고 있다. 미국변호사 자격시험을 위한 바 프렙 아카데미Bar Prep Academy를 오픈할 계획이다. 우리나라와 미국 법조계를 잇는 브릿지 역할이 점점 커질 것을 예감하기 때문이다.

지금 있는 곳에서 주인이 되어라

가끔 과거의 영광에만 매달려 사는 사람을 본다. "내가 10대 때 이렇게 공부를 잘했는데……." "내가 명문대를 나왔는데……." "내가 고시에 합격했는데……." 내가 어쩌고 어쩌고 등등 과거의 영광에 매달려 사는 사람이 많다. 어디 그뿐이랴. 과거에 젖어 사는 사람은 일상에 널려 있다. 내가 아는 분 중 우리나라 최고 명문이라는 S대를 나온 분이 있었다. 유독 대학 다닐 때 이야기를 입에 달고 산다. 과거 스펙이나 영광에 연연해하는 것은 현재의 실행을 어렵게 하는 요인이 된다. 과거 스펙은 길고 긴 인생의 수많은 일 중의 하나에 불과하다. 지극히 당연한 얘기겠지만 학교 이름보다는 공부한 내용이 중요하고 또 그 전공을 얼마나 깊게 실행하느냐에 따라 미래가 달라지기 때문이다.

특히 학력이나 성적은 입사와 동시에 사라지는 것이니 현재의 자리에서 성실하게 일하는 자세가 아마도 직장인의 기본일 것이다. 중국 고사성어에 수처작주隨處作主 입처개진立處皆眞이라는 말이 있다. '있는 곳에서 주인이 되면 그 자리가 진리가 된다'는 뜻으로 현재의 자리에서 최선을 다해 일하는 것이 가장 중요하다는 지혜를 준다. 전영민 롯데인재개발원 부원장도 저서『어떻게 일하며 성장할 것인가』에서 성장은 어제의 나를 부정하고 반성하는 데서 출발한다고 강조한다. 과거의 스펙을 들먹일수록 성장할 가능성은 줄어드는 것을 명심해야 한다.

나도 무척 조심했다. 행정고시에 합격했다는 건 행정사무관이 됐을 때 끝난 것이다. 고시 합격은 그 이상도 그 이하도 아니다. 내가 처음 사무관 임용을 받았을 때 만 23세였다. 수습을 거친 후에 경기도 교육청(당시는 경기도 교육위원회)에 발령을 받았다. 부하직원들이 나보다 열 살씩 많았다. 다들 한 집의 가장이고 열심히 사는 분들이었다. 처음에는 이분들을 어떻게 대해야 할지 정말 막막하고 조심스러웠다. 말 한마디, 행동 하나하나. 내가 어떻게 처신해야 할지 아무도 가르쳐주는 분은 없었다. 그건 철저히 내 몫이었다.

나의 보스 중의 한 분이 강조하셨다.

"이 사무관, 이제 사무관이 됐으니 새로운 출발 선상에서 시작하는 거야."

"나 고시 붙은 여자야." "나 명문대 나온 여자야." 그렇게 떠들수록 과거에 갇히게 되고 미래를 향해 나아가기 어렵다. 나는 새로운 보직을 맡을 때마다 스스로에게 마인드 컨트롤을 하는 것이 있다. 내가 맡은 자리가 '나'가 아니라는 것이다. 그 자리는 나의 소유물이 아니다. 나는 단지 그 자리의 역할을 잠시 맡아 할 뿐이라고. 국장을 맡을 때도, 대변인을 맡을 때도, 차관으로 임명됐을 때도 마찬가지이다. 난 차관이 아니다. "난 차관의 역할을 충실히 하려는 자연인일 뿐이다."

그렇게 생각하니 그만둘 때도 별로 섭섭하지 않았다. 정작 내가 섭섭했던 것은 정들었던 분들과 헤어지고 오랫동안 익숙했던 것들과 작별해야 하는 일이었다. 자리가 아까웠던 적은 단 한 번도 없었다. 나는 단지 그 역할을 하는 자이므로.

117

:: 굴하지 마라

"정말 많은 국가의 너무나 많은 여성이 같은 언어를 말한다. 침묵의 언어다."

힐러리 클린턴이 한 말이다. 스탠퍼드대 경영대학원 교수인 마가렛 닐Margaret Neale 박사는 '원하는 것을 얻기 위해서는 협상을 잘해야 한다'고 주장하는 세계적인 협상전문가이다. 닐 교수는 많은 사람들이 여성들이 협상에 능하다고 생각하지만 꼭 그러하지만은 않고 도전과 요청에 대한 성별 차이가 있음을 연구를 통해 발견했다.

불이익을 순순히 받아들이지 마라

2006년 US오픈 테니스 대회 그랜드 슬램 토너먼트에서 테니스 선수들의 심판판정에 대한 어필 건수를 분석해보니 남자선수들은

73건의 판정 어필이 있었던 반면 여자선수들은 28건에 그쳤다. 3분의 1도 안 되는 숫자이다. 이유가 무엇일까? 남자테니스 선수들의 공 속도가 빠르니 판정오류가 자주 나서? 아니면 심판들이 여자선수들 경기에 더 공정하게 심판을 해서? "다 아니다."라고 이야기한다. 그녀가 볼 때 불공정하다고 생각하는 일에 어필하는 것에 여성들이 익숙하지가 않다는 것이다. 그녀는 성과를 내기 위해서, 내가 원하는 것을 쟁취하기 위해서는 그래서는 안 된다고 조언한다.

박찬희 전 스타벅스 홍보실장도(현재는 박찬희 PR 대표) 비슷한 경험이 있다. 그녀는 30년 동안 하얏트호텔, 르네상스 호텔, 월마트, 스타벅스, 한국수력원자력에서 홍보업무를 담당한 외길 홍보인이다. 그녀는 일하는 동안 여러 가지 어려움을 겪기도 했지만 좌절이란 건 생각해본 적은 없다고 한다. 물론 열심히 했는데도 상사가 인정해주지 않을 때, 인사 고과가 나빴을 때, 그리고 승진에서 떨어졌을 때의 좌절감은 제외한 이야기이다. 그럴 때마다 되도록 객관적으로, 또 멀리 바라보며 극복하려고 노력했다. "뭐든 5년 단위로 생각해보라"는 한 선배의 충고를 늘 마음에 새기고 있었고 되도록이면 모든 상황을 긍정적으로 받아들이려 노력했기 때문이다.

하지만 그런 그녀에게도 분하고도 부끄러운 기억이 있다. 오래 전 일이니 이제는 실명을 거론해도 괜찮을 것이다. 1980년대 초 박 실장은 호텔 신라 판촉부에 입사했다. 부여받은 업무는 영어 서신English Correspondent 작성이었다. 객실 세일즈 직원들을 위한 해외 서신 작성 업무였는데 말이 서신이지, 거의 영문 서신 수발 업무였다. 전문성보다는 민첩성이 더 필요한 일일지도 몰랐다.

고졸 여사원들은 남자 대졸 사원들의 일은 도와주면서 그녀의 일은 쳐다보지도 않았다. 거의 왕따가 된 기분으로 직장을 다녔다. 그러던 어느 날 삼성그룹 영어시험에서 박 실장이 1등을 하는 돌발 상황이 생겼다. 그때 1등에게는 한 달간 유럽과 미주 여행 특전까지 주어졌다. 그런데 1등 발표를 하고 난 후 일정에 변동이 생겼다. "여자 혼자 세계 일주는 위험하니 동남아시아 방문으로 변경하려고 해요." 어찌 된 일인지 인사부에 물었더니, 아버지가 회사에 전화해 '여자를 어디 세계 일주를 보내느냐'고 항의까지 해오셨다며 그리 알라는 일방적인 통보를 받았다.

그녀의 첫 번째 해외여행은 그렇게 차별의 씁쓸한 뒷맛을 남긴 여행이기도 했다. 이런 대우를 몇 번 당한 끝에 박 실장은 결국 하얏트 호텔로 옮겼다. 그때 나이 29세. 한국기업인 호텔 신라에서는 혼기가 꽉 찬 잉여 인력 신세 취급을 받던 터였다. 면접을 볼 때 하얏트 호텔의 외국인 총지배인이 나이도 결혼 계획 여부도 묻지 않고 업무에 대해서만 질문을 집중적으로 했던 것이 지금까지도 신선한 기억으로 남아 있다.

"내가 다시 과거로 돌아간다면, 나에게만 주어지는 불이익에 좀 더 논리적으로 항변할 거예요. 한마디도 못하고 참기만 했던 시절이 지금 생각하면 안타까워요. 이는 나만의 문제가 아니기 때문이죠. 여성을 보호한다는 명분하에 벌어진 명백한 성차별이기 때문이죠."

　박 실장이 글로벌 기업에 오랫동안 근무하면서 가장 부러워했던 것 중 하나가 가족 친화 문화였다. 지금도 인상적이었던 풍경은 스타벅스 시애틀 본사 1층의 직장 탁아시설과 오후 일정 시간이면 사무실 주위를 돌던 유모차들이다. 월마트의 경우, 매주 주말 열리는 전통적인 영업 회의에 직원들이 편한 복장에 가족들을 대동해 참석하고 회의가 끝나면 바로 주말여행을 떠날 수 있도록 배려해주었다.

　내가 그녀를 처음 만난 것은 2010년이다. 당시 나는 여성가족부 대변인이었고 박 실장은 스타벅스 홍보실장으로 일하고 있었다. 2013년에는 박 실장과 함께 스타벅스 경력단절여성들의 재취업프로그램을 기획하기도 했다. 능력 있는 여성 점장·부점장들이 결혼과 육아로 퇴사하는 것을 늘 안타까운 마음으로 지켜보던 차에 탄생한 것이 '리턴맘' 바리스타 제도였다. 이 제도는 재취업을 원하는 여성들에게는 일자리를, 회사는 바쁜 시간의 숙련된 전문가를, 일자리를 나누고자 하는 정부의 고민을 한 번에 다 해결해주었다.

　그 프로그램은 여성 일자리 창출의 모범사례로 자리매김했다. 이 제도로 재취업한 경력단절 바리스타들은 '이대로 경력이 단절된 채 사회경력이 끝나버리나……' 했는데 뜻밖에 새로운 제도 덕분에 다시 일자리를 얻게 되니 무척 좋아했다. 엄마들이 한가한 오전 11시부터 오후 3시. 매장은 가장 바쁜 시간이다. 그 시간에 투입된 것이다. 리턴맘들은 다시 일하게 된 만큼 책임감도 강하고 애사심도 뜨거웠다.

그녀는 그렇게 기업과 사회의 경계선상이 홍보인의 자리라는 소신으로 기업 홍보와 사회공헌 활동의 접목을 선도적으로 시도했다. 사회공헌 사업과 홍보를 연계한 사업들은 스타벅스 홍보실장으로 근무할 때 마음껏 발휘되었다. 그중 아직도 지속되는 행사 중 하나가 덕수궁 '정관헌에서 명사와 함께'라는 커피 문화 행사이다. 정관헌은 고종황제가 커피나 차를 마시며 휴식을 즐겼다는 정자이다.

박 실장은 후배들에게 이렇게 조언한다. "똑똑한 여자를 넘어서서 지혜로운 사람이 되어, 어려운 일 앞에서 자기연민에 빠지지 말고 당당해지자." 당당하고 자신감이 있어야 역경이나 불이익을 극복할 내면의 힘이 생기는 것이다.

사전에서 '안 된다'를 지워라

"여자는 안 돼." "여자는 못해."

여성으로 살다 보면 반드시, 그리고 자주 듣는 말이다. 남성으로 살면서는 절대 들을 수 없는 말이다. 정상에 오른 여성 인재라고 예외는 아닌 것 같다. 미국 민주당 대선 후보 힐러리도 중학교 때 나사에 우주비행사 훈련과정에 지원하고 싶다는 편지를 보냈는데 "여자는 (지원이) 안 된다"는 답장을 받았다. 왜 안 되는지에 대한 설명은 없었다. IMF 여성 최초 총재 크리스틴 라가르드도 프랑스 법률회사에 근무할 때 "여자는 (파트너로 승진이) 안 된다"는 말을 들었다. 역시 왜 그런지에 대한 설명은 없었다.

아마 여성에 대한 잘못된 고정관념 중 대표적인 하나가 "여자는 수학을 못한다"는 말일 것이다. 최근 그렇지 않다는 여러 과학적 연구결과들이 발표되고 있다. 그리고 바로 우리 눈앞에도 그렇지 않다는 증거가 늘고 있다. 2016년에 이화여대 이향숙 교수가 70주년을 맞이하는 대한수학회의 제24대 회장으로 선출된 것이다.

대한수학회 역사 70년 만에 여성 회장은 처음이다. 과학기술계의 주요 대표 학회의 장으로서 유리천장을 깼다는 점에서 의미가 있다. 대한수학회는 3,900여 명의 회원으로 구성된 기초과학계를 대표하는 학회이다. 130여 년의 역사를 가진 미국 수학회도 역대 여성 회장은 단 두 명에 불과했다. 150년 역사의 영국수학회도 두 명의 여성 학회장을 거쳐 차기회장이 여성으로 선출됐다는 소식이 들린다.

이 교수는 정치권에서는 이미 여성들의 진출이 활발해졌는데 학계에서 여성이 대표인 경우를 본 적이 드물어 '학계가 이리도 보수적인가?'라는 생각을 해본 적이 있었다. 사실 수학회 내 정회원 중 여성 수학자 비율이 17% 정도 되고 활발히 활동하는 분들이 많이 있다. 여성 수학자들 사이에서 여성이 회장을 해도 된다는 생각은 이미 예전부터 있었는데 수학계 전체에서 공감대가 형성된 것은 2014년 세계수학자대회 이후 최근의 일이다.

여성이 대한수학회장으로 당선된 것은 여성이 수학을 싫어하고 못한다는 고정관념과 편견을 깨는 스타트 라인이 될 거라고 기대해본다. 사실 그동안 많은 연구에서 여학생들은 수학을 못한다는 고정관념이 있었다. 2005년 1월 당시 하버드대 총장이었던 로렌스 서머스Lawrence Summers가 수학이나 과학과 관련된 능력은 남녀 간에 차이가 있다는 증거가 있다고 말해 파문을 일으킨 적이 있다. 그는 그 일로 엄청난 비난을 받았고 결국 그 일로 하버드대 총장직을 사퇴했다.

이향숙 교수는 어떻게 롤모델도 없는 상황에서 수학을 전공할 생각을 했을까? "고등학교 학창시절 수학책을 옆에 끼고 다녔어요." 그렇다. 누구나 수학을 벗 삼아 옆에 끼고 다니다 보면 수학에 대한 공포와 두려움이 없어질 것이다. "대학에 진학한 후 이론의 논리와 증명을 공부하면서 그동안 '수학 = 공식 + 계산'이라는 피상적으로 알고 있던 수학에 대한 편견이 깨졌어요." 그때 그녀는 증명을 통한 논리 체계의 경이로움을 통해 수학의 매력을 느끼게 됐다.

부모님의 딸 걱정을 뒤로한 채 '내 인생은 내가 선택하고 책임을

져야 한다'고 생각하고 미국 유학길에 오른 결정은 순수하게 학문의 즐거움을 지속하기 위한 선택이었다. 미래에 대한 두려움보다는 현재 최선을 다하는 것이 중요하고 도전을 통해 새로운 환경을 만나고 나의 삶을 변화시켜 보는 것도 의미 있을 것이라는 믿음이 있었던 것이다.

이 교수는 "수학이란 단순한 수학적 지식이나 이론뿐 아니라 논리적으로 사고하고 이해하며 합리적으로 분석하는 종합적 사고 능력이 필요하다는 것을 나중에 깨달았어요."라고 이야기한다. 미국 유학 도중 1991년 여름 방학에는 전미 지역의 위상수학 전공 대학원생들을 위한 집중강연 워크숍이 4주 동안 열렸는데 차를 마시며 수학을 이야기하고 밥을 먹으며 아이디어를 교류하는 교수와 학생들을 보며 진정 '수학의 생활화'만이 수학자다운 삶이라는 생각을 하게 됐다. 수학자에게는 수학이 그 생활과 삶 속에 녹아 있어야 결국 빛을 발할 수 있다는 것은 주변의 훌륭한 수학자들을 통해 충분히 검증된 사실이다.

지도교수인 스튜어트 프리디Stewart Priddy 교수는 친절하고 훌륭한 학자였다. "끊임없이 학습하라Keep learning!" 즉 논문 학기 중에도 좋은 강의가 개설되면 적극적으로 듣고 배워 그 지식을 자신의 것으로 채워나가라는 말씀을 강조했다. 사실 박사학위 논문을 쓰면서 수학이라는 학문이 만만하지 않음을 여러 번 깨달았다. 고통도 느꼈고 좌절감도 느꼈고 때로는 가끔 뭔지 모르는 자신감도 느껴졌던 것. 이러한 감정들이 반복되며 인내심을 갖고 지속하다 보니 어느덧 논문이 완성돼가고 있었다.

학생들에게 수학을 가르치며 왜 수학을 해야 하는지, 왜 수학이 필요한지를 보여주고 이해시키는 것은 동기부여 측면에서 매우 중요한 일이다. "우리 때는 수학을 공부하는 이유를 물으면 순수한 학문의 탐구, 진리에 대한 열정이라 우아하게 답을 했어요. 물론 이는 매우 중요한 이유이고 이 순수함이 오랫동안 모든 학문의 발전에 이바지해온 원동력이 돼온 것은 사실이에요. 그런데 최근에는 다행히 학생들에게 수학을 공부해야 하는 이유를 들려줄 것이 많아요."

수학은 기초과학의 대표 학문이다. 역사적으로도 수학이 우리 생활에, 산업에, 공공의 문제 해결에 응용돼왔다. 최근에는 ICT 기술을 기반으로 수학적 지식과 방법론이 바로 상품개발 및 부가가치 창출로 바로 연결되는 세상이 됐다. 이 교수는 국가의 수학 경쟁력이 미래 국가산업 경쟁력에 직접적인 영향을 줄 것은 분명하므로 수학을 전공하지 않은 학생들도 대학에서 수학으로 든든히 무장해야 사회 현장에서 경쟁력 있는 인재로 인정받을 수 있는 세상이 됐다고 강조한다.

열정이 있다면 못 할 일은 없다

배현미 L7호텔 총지배인은 롯데호텔 내 최초 여성 총지배인이다. L7호텔은 롯데호텔의 서브 브랜드로 2016년 초 오픈했다. 배 지배인은 호텔에서만 근무한 30년 베테랑 호텔리어이다. 사람들은 총지배인이라고 하면 대학에서 호텔경영학과를 졸업했다고 생각하지만 전혀 아니다. 그녀는 지방에 있는 여상 출신이다. 남들이 알아주는 스펙이 전혀 없이 총지배인까지 올랐다니 그녀의 스토리가 더 궁금해진다.

그녀는 고등학교를 졸업하기도 전에 롯데그룹 고졸사원 입사시험에 합격했다. 대학을 못 간 이유는 두 가지이다. 형제가 7남매라 부모님께서 7남매를 다 한 번에 대학을 보내기도 벅차셨다. 그런데 그녀는 자신감이 있었다. "취직을 먼저하고 나중에 대학을 가면 되지 뭐." 원래 꿈이 외교관이라 중학교 때 영어를 열심히 했기 때문에 영어는 웬만큼 했다. 자신감과 열정이 넘쳤기 때문에 미래에 대한 불안이나 걱정도 없었다. 그래서 대학을 못 간 것에 대한 열등감도 없었다. "대학은 언제든지 갈 수 있다고 생각했어요."

합격 후 롯데호텔로 발령을 받았다. 당시에는 호텔을 드나드는 여성에 대해 색안경을 끼고 보는 시선이 많았다. 당연히 시골에 계시는 부모님도 그러셨다. "여자가 무슨 호텔에서 일해?" 하며 펄쩍 뛰셨다. 반대하는 부모님을 간신히 설득해 일을 시작했다. 호텔에서 일을 시작할 때 그녀는 겨우 열아홉 살이었다. 커피도 나르고 책상도 닦고 수납에서 캐셔도 해가며 일을 배웠다. 일하면서도 공부에 대한 갈증이 조금씩 생겨나기 시작했다. "앞을 봐도 뒤를 봐도 다 대졸인데 나만 고졸이었어요." 어느 정도 업무를 익힌 후 주경야독으로 대학을 졸업했고 외국어 공부도 끈을 놓지 않았다.

하지만 직장생활은 만만하지 않았다. 처음에는 고객들의 불평이나 항의를 접하면 당황해 울기도 많이 울었다. 스스로의 자괴감에 빠져 사표를 주머니에 넣고 다니기도 했다. 하지만 견디고 버티며 힘든 고비를 넘기니 어느 순간 자신의 직업인 호텔리어가 가진 가치를 느끼게 됐다. 외교관의 꿈은 못 이루었지만 호텔리어도 민간 외교관이라는 자부심도 생기면서 고객과의 만남도 편해졌다. 지금은 3대에 걸쳐 배 총지배인에게 예약을 부탁하는 고객도 있을 정도이다.

그녀는 후배들에게 늘 이야기한다. "고객의 입장에서 생각하고 본인 스스로 일을 즐거워해야 그 마음이 고객에게 전달됩니다." 또 주변에서 "너무 섬세한 거 아니야?" "너무 꼼꼼해."라는 이야기도 있었지만 그녀는 개의치 않았다. "호텔은 정말 꼼꼼해야 해요. 시트 하나 타일 하나 수건 하나. 모든 거 하나하나까지 말입니다."

"호텔 업무는 여성들에게 잘 맞아요." 배려, 섬세, 꼼꼼함, 책임, 인내. 모두가 여성들이 잘할 수 있는 영역이다. 거기에 필요한 것이 하나 더 있다. 열정이다. 특히 호텔 업무 같은 서비스업에는 그게 더 요구된다. 하는 일에 열정을 다할 때 고객 감동 서비스가 가능해지고 고객이 고마워하는 마음이 다시 피드백되어 즐겁게 일할 수 있고 업무 개선도 가능해진다.

예전에는 객실예약 사무실에는 한 벽면 전체를 차지하는 엄청나게 큰 스페이스 인포메이션이라는 화이트 보드가 있었다. 일자별 객실예약 가능 여부와 접수 가능한 요금을 공지하는 알림판이었다. 모두 아날로그였다. 담당지배인은 그 알림판에 객실을 오픈앤클로즈Open & Close하거나 기준 요금을 공지하는 것이 업무였다. 직원 모두는 그 알림판대로 예약을 접수할 수 있었다.

프런트 데스크나 판촉은 전화로 하거나 급하면 객실예약 사무실로 뛰어들어와 알림판을 수시로 보고 가곤 했다. 아날로그 방식이었기 때문에 당연히 효율적이지 못했다. 배 총지배인은 IT 편리성을 깨닫고 객실예약 컨트럴 방식을 과감히 컴퓨터 화면 속에 집어넣었다. 자유게시판처럼 공란을 만들어 객실예약에 관련된 사항을 수시로 업데이트하면 모든 직원은 화면을 보며 예약을 접수하고 고객을 응대할 수 있었다. 커다란 보드판을 보며 십수 년을 일했던 동료들은 변화를 두려워했지만 현재는 유용하게 쓰이고 있다. 업무뿐만이 아니다. 그녀에게 열정이 없었다면 낮에는 직장을 다니며 아이를 키우면서 밤에는 대학에 다니는 1인 3역의 세월은 불가능했을 것이다.

처음 일을 시작할 때는 일을 열심히 해도 윗분들이 새로운 업무를 주면서 '저 친구가 할 수 있을까?' 하는 표정을 지었다. 그러나 지금은 그 표정이 '역시'로 바뀌었다. 돌이켜보면 운도 좋았다. 여성을 차별하지 않는 시절을 만난 것이다. "저보다 우수한 선배님들이 많았어요. 영어면 영어, 서비스면 서비스, 근성이면 근성, 모두 갖춘 정말 우수한 여성 선배들이 많았어요. 하지만 그 당시 여성에게는 기회가 전혀 없었어요. 좌절해서 그만둔 여성 선배들이 많아요. 전 시대를 잘 타고났어요." 지금 생각해도 그 선배들을 생각하면 안타깝다. 조금만 더 버티실 것을. 조금만 더 견디실 것을.

그리고 상사들도 잘 만났다. 상사들이 언젠가는 여성에게도 기회를 주는 시대가 올 것이니 미래를 위해 준비하라고 조언을 해주었고 그 말을 들으면서 자랐다고 해도 과언이 아니다. 2000년대에 들어서면서 회사의 방향이 조금씩 바뀌고 있음을 느꼈다. 여성에게도 기회를 주기 시작했고 그녀는 최초의 여성 과장으로 발탁됐다. 그 이전에는 여성들이 아무리 일을 잘해도 주임 이상은 승진시키지 않았다.

그녀는 2014년 L7호텔 준비팀에 들어가고 이어서 롯데호텔 내 최초 여성 총지배인 자리에 오르게 됐다. "2016년 1월에 오픈했으니 이제 10개월이 조금 넘은 신생아이지만 객실 점유율도, 평판도 서서히 자리를 잡아가고 있어요."라고 말하는 그녀의 얼굴에는 생기가 넘친다.

여성 인재도 최고의 자리까지 올라갈 수 있다

2011년 10월 CNN은 일레이나 리Ellana Lee를 CNN 인터내셔널 아시아·태평양 지역 총괄본부장으로 승진시킨다는 발표를 했다. 1997년에 프로듀서로 CNN에 입사한 이래 10여 년 만에 임원으로 승진한 것이다. 또 2014년에는 미국을 제외한 전 세계를 총괄하는 최고위직인 CNN 인터내셔널 수석 부사장으로 승진했다. 그녀는 이미 2008년에 세계경제포럼WEF이 뽑은 '차세대 지도자'에 선정된 바 있다. 그런 그녀가 언론 진출을 희망하는 후배들에게 어떤 메시지를 줄지, 또 어떻게 CNN 내에서 유례없이 초고속 승진을 했는지 다 궁금했다.

그녀가 CNN에 입사한 것은 대학원에서 언론학을 전공할 때 인턴을 한 것이 계기가 됐다. 인턴을 한 후 CNN 파이낸셜뉴스에서 정식 입사제의를 받았다. 대학원 졸업식 날 오전에는 기념사진을 찍고 오후부터 일을 시작할 정도로 바빴다. 사무실은 뉴욕이었다. 정말 간절히 원했던 직장이었다. 하지만 4년간 쉴 틈 없이 일하고 나니 지쳤다. 휴식이 필요했다. 3개월 휴가를 신청하고 생각을 정리해보았다. 자신이 하고 싶은 일들과 하고 싶지 않은 일들에 대해. 하고 싶은 일은 언론이었고 하기 싫은 일은 뉴욕에 돌아가는 일이었다.

그녀는 3개월을 쉬고 나서 '뉴욕으로 돌아가지 않겠다'고 결심했다. 전 세계 글로벌 언론 중에서 CNN만큼 좋은 직장도 없다. 정

131

말 최상의 미디어 환경을 가진 직장이다. 하지만 그런 꿈의 직장을 아무런 계획도 없이 떠나기로 마음먹은 것이다. 그때는 어렸다. 언론을 떠나고 싶지는 않았지만 한 나라(미국)에서 거의 10년을 공부하고 일하다 보니 새로운 곳에서도 한 번 일해보고 싶었다. 무작정 그만두기로 마음을 먹는 것은 그때나 지금이나 용기가 필요한 일이다. 부모님과 상사에게 말씀드렸다. 지금 생각해도 고마운 것은 부모님과 상사의 반응이었다.

"부모님은 무조건 나를 믿고 나의 결정을 존중해주었어요. 상사는 나에게 새로운 기회를 주었지요."

생각지도 않은 일이었다. 상사가 홍콩지사에 가서 근무하지 않겠느냐며 새로운 도전의 기회를 준 것이다. 그녀의 재능과 열정을 아까워해서 내린 결정이었을 것이다. 그때가 2001년이다. "지금 생각해도 고맙고 감사해요." 그녀는 곧바로 CNN 인터내셔널 홍콩의 모닝쇼 프로듀서를 맡게 되면서 지금까지 홍콩에 근무하고 있다. 이후 실력을 인정받아 6년 만에 총괄부서장으로 승진했다.

후배들에게는 이렇게 조언했다. "언론사 지망생들에게 CNN은 가장 매력적인 직장이어서 수많은 지원서가 쏟아지지만 중요한 것은 성적이 아니라 태도예요." 그녀는 열정, 목표 그리고 긍정 마인드를 강조했다. 권력과 권위를 쟁취하고 영향력과 인정을 받기 위해 저널리스트가 되려고 해서는 안 된다. 진정한 저널리스트가 되기 위해서는 우리 모두에게 꼭 필요한 스토리를 말하고 공유하려는 열정이 있어야 한다는 것이다. 최종 결과물은 매력적으로 보이지만 만드는 과정은 힘들다. 지루한 오랜 시간을 견뎌내야 하고 때로는 순탄치 않은 일들이 생길 때 올바른 태도를 지켜야 하는 정의감과 힘이 있어야 한다.

실수에 대해서도 이렇게 말했다. "사람들은 실수하지 않는 것을 성공이라고 생각하지만 나는 실수가 성공의 과정이면서 성공의 한 부분이라고 생각합니다. 실수를 극복하는 과정에서도 배우게 돼요. 그것은 실수를 인정하면서 실수에 대한 책임을 느끼게 되고요. 더 중요한 것은 똑같은 실수를 두 번 다시 안 하게 되는 거지요."

임원으로 승진하고 나니 업무 영역이 한없이 넓어졌다. 저널리스트에서 관리와 경영 업무까지 역할이 크게 확대됐다. 아시아태평양 지역의 회사들이나 정부기관들과 회의를 할 기회가 한두 번이 아니었다. 한마디로 시커먼 양복을 입은 남성들 속에서 나 홀로 여성이었던 적이 한두 번이 아니었다. "나를 잘 모르는 사람들이 나를 보고 통역인가보다 속삭이는 것을 들은 적도 있어요." 젊은 여성이 CNN의 임원이라는 게 사람들로서는 쉽게 상상이 안 갔을 것이다. "하지만 그런 이미지에 나를 가두지는 않았어요. 제가 여기까지 올 수 있었던 것은 나의 재능을 알아보고 키워주는 상사의 격려와 지원 덕분이었어요." 특히 기억나는 상사는 토니 매덕스 CNN 인터내셔널 총괄부사장 겸 상무이사이다. 재능을 알아봐주고 키워주는 상사가 있을 때 열정과 능력이 마음껏 발휘되는 것은 전 세계 어디서나 통용되는 진리인 것 같다.

여성들에게는 크게 생각Think Big할 것을 강조했다.

"사회나 직장에서 허락하는 역할에 자신을 제한할 필요가 없어요. 한국에 있을 때 '여자가 이런 것을 해야지.' 또는 '여자가 이런 것을 해서는 안 돼.'라는 말을 종종 들었어요. 여성도 최고의 위치까지 올라갈 수 있다는 용기를 가져야 합니다."

돌이켜보니 그녀에게도 결단의 시간은 있었다. 그 결단은 마음에서 우러나온 결정이었지만 용기를 필요로 했다. 그 결단의 시간이 그녀에게 새로운 기회를 열어준 것이다. 미래에 대한 끊임없는 도전과 실수를 두려워하지 않는 용기가 새로운 역할, 새로운 기회, 나아가서는 새로운 '나'를 만드는 것이다.

:: 멀리 보고 가라

2013년 11월 연합뉴스에 이런 기사가 떴다. "송지혜 상무, 베인앤드컴퍼니 컨설턴트로 승진" 베인앤드컴퍼니는 글로벌 컨설팅 회사이다. 2001년에 입사한 송 파트너는 서울사무소에서 국내외 대기업의 고객 전략, 브랜드 마케팅, 로열티 프로그램 수립 등 다양한 프로젝트를 수행해왔다. 베인앤드컴퍼니는 글로벌 회사라 승진도 글로벌 전체를 대상으로 심사하기 때문에 과정도 까다롭고 엄격하다. 당연히 경쟁도 치열하다. 글로벌 회사에서 파트너가 됐다는 것은 글로벌에서 경쟁과 능력을 인정받은 것을 의미한다. 베인앤드컴퍼니 서울사무소에서는 여성으로는 두 번째이며 최연소 파트너이다.

송 파트너는 대기업의 유통전략 수립을 많이 한 유통분야 전문가이다. 앞으로의 유통전망에 대해 물어보았다. "한국 유통은 앞으로 4~5년은 격변의 시기가 될 거예요." 그동안 우리나라의 유통업

계는 부동산 비즈니스라고 보일 정도로 부동산 의존도가 높았지만 앞으로는 그렇지 않을 것이다. 이유는 유통환경의 변화 때문이다. 디지털 플랫폼의 등장, 경제 저성장, 저출산 고령화 등 인구구조의 변화, 이 세 가지가 한꺼번에 벌어지는 나라는 우리나라밖에 없다. 변화의 소용돌이 속에서도 '고객 중심' 화두를 잃지 말았으면 좋겠다고 조언한다.

내가 송 파트너를 알게 된 것은 베인앤드컴퍼니에서 사회공헌사업의 하나로 '여성의 생애주기 관점에서 여성의 경제활동 취약성'을 분석해준 것이 계기가 됐다. 대한민국의 여성인력 현황을 한 페이지로 알기 쉽게 도표로 만들 수 있는 능력은 오랜 기간 경영 전략을 수립해온 경험과 노하우가 있었기 때문에 가능했을 것이다. 여성가족부 직원들은 베인앤드컴퍼니의 분석력에 감탄했고 아직도 이 도표를 잘 활용하고 있다.

〈그림 1〉은 여성고용 상태를 채용, 대표성, 고용의 지속성, 재취업의 네 가지 좌표로 설정하고 우리나라 현황을 그래프로 그린 것이다. 빨간 선이 우리나라의 현황이다. 여성의 경제활동 고리 4R을 보면 OECD 국가평균과 비교할 때 노동시장 진입Recruit에서의 차별은 거의 사라졌다. 1988년 남녀고용평등법 제정이 계기가 됐다. 그러나 고용의 지속성Retention, 재취업Re-start, 대표성Representation 측면에서는 아직 갈 길이 멀다. 고위직에서의 여성 대표성과 재취업이 특히 저조한 것으로 나타났고 고용을 유지하는 비율과 재취업

〈그림 1〉 여성의 생애주기 관점에서 여성의 경제활동 취약성 파악

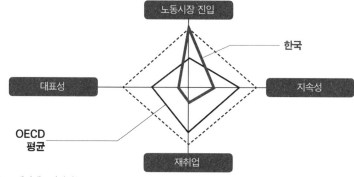

자료: 베인앤드컴퍼니(2014)

도 OECD 평균에 훨씬 못 미친다는 사실을 알 수 있다. 빨간 선이 마름모의 점선처럼 크고 반듯하게 되는 날이 바로 '유리천장이 깨지는' 티핑 포인트가 시작되는 날일 것이다.

내가 하고 싶은 일을 찾자

송 파트너는 지금은 글로벌 무대에서 인정받지만 여기 오기까지 과정도 만만치 않았다. 베인앤드컴퍼니가 네 번째 직장이다. 대학 졸업 후 처음에는 대기업 계열 광고회사에 들어갔다. 기업 경영이나 전략에 관심이 많았지만 처음 맡은 일은 상무님 회의에 따라가서 노트필기를 하거나 사은품을 배부하는 허드렛일이었다. 20대

137

의 젊은 여성에게는 일다운 일을 줄 생각도, 줄 필요도 못 느꼈던 시절이다. 젊은 여성은 그저 사무실에 놓인 예쁜 화분에 불과했다. 그런데 입사 동기인 남성 직원은 입사한 지 3개월 후부터 성과분석이나 월간리포트 작성 등 중요한 일을 맡았다. 기가 막혔다. 그때가 1998년이다. 지금은 많이 달라졌지만 그때는 그랬다.

전통적인 성역할 고정관념을 현장에서 뼈저리게 느끼고 힘들어할 때 상사와 고객으로부터 성희롱에 가까운 일을 당하기도 했다. 상사들은 여직원들에게 "보고 싶어 꿈에 보였다"든지 "당신을 보면 행복하다"든지 하는 말을 서슴없이 했다. 그들에게 여직원은 두 분류밖에 없었다. 열심히 일하면 독종이나 악바리라고 했고 그들 기대에 못 미치면 역시 여자라서 함량 미달이라고 했다. 여성 인재 중에 보통직원은 없었다.

"이런 풍토에서 능력을 발휘하는 것은 불가능했어요. 나름 최선을 다했더니 독종이라는 말이 들려왔어요. 거기서 내 미래는 없었어요."

그녀는 전통적인 성역할과 권위주의적인 위계문화에 지쳐 외국계 회사에 취업하기로 경로를 바꾸었다.

"한국기업은 다 그럴 것 같았어요."

그 후 야후에서 기업 대상 판매 프로듀서를 2년 정도 하다가 그만두고 컨설팅 회사에 취업하기로 마음먹었다. 회사의 경영 전략을 짜는 일을 하고 싶었다. 독하게 마음을 먹고 준비한 끝에 치열한 경쟁률을 뚫고 베인앤드컴퍼니에 취직하는 데 성공했다.

우물 안에 있지 말고 바다를 보라

'드디어 내가 하고 싶은 일을 하는구나.'

송 이사는 초기에 회사에 출근할 때 가슴이 뛰었다. 그 정도로 일이 재미있고 보람이 있었다. 일하는 맛에 힘든 줄도 몰랐다. "나한테 맞는 일을 찾기 위해 돌아 돌아왔어요." 아마도 20대의 아픈 기억들이 더욱 일에 매진하도록 만들었는지도 모른다. 그렇게 일에 집중하다 보니 성과도 나고 일 잘한다는 평가도 받았다.

베인앤드컴퍼니의 또 하나의 장점은 글로벌하다는 점이다. 일단 일터가 글로벌하다. 전 세계가 일터이다. 예를 들면 오스트레일리아에서 컨설턴트가 필요하면 바로 '급구' 공지가 뜨는데 지원을 하면 그곳에서 일할 수도 있다. 그런데 일의 시작은 바로 다음 주. 이런 식으로 급하게 돌아간다. 일터가 글로벌하니 영어가 공통어이다. 모든 토론이 영어로 진행된다. 회사에서는 직원들의 역량강화 차원에서 베인앤글로벌트레이닝시스템에 의해 매년 교육훈련을 시킨다. 송 파트너는 기회가 될 때마다 해외 근무를 자원했다. 오스트레일리아, 샌프란시스코, 도쿄 근무를 통해 외국어 능력뿐만 아니라 국제 감각 등 글로벌 역량을 키웠음은 물론이다.

베인앤드컴퍼니의 여성 분포는 어떨까? 처음에 입사할 때 입사 비율은 남녀 성비가 50:50으로 비슷하다. 그런데 입사 5년 후가 되면 65:35로 점점 여성이 줄어들고 매니저와 파트너에서의 성비는 90:10으로 남성이 압도적이다. "여성들이 듣는 능력, 융합, 창의성 등 장점이 많은데 자꾸만 중간에 그만두니 안타까워요."

송 이사는 파트너가 되고 나서 유연근로제도를 도입했다. 일주일에 3일이나 2일만 근무하는 모델, 10개월 일하고 2개월을 쉬는 모델 등 다양한 실험을 하고 있다. 외국에서 근무하면서 봤던 부러운 사례들도 도입했다. 오스트레일리아에 갔을 때 이야기이다. 총괄 매니저가 프로젝트 중간에 휴가를 갔다. 하지만 파트너는 걱정하지 말고 다녀오라고 한다. "내가 백업해줄게." 그때 느꼈던 부러움과 놀라움은 아직도 기억에 새록새록하다.

목표가 있다면 용감하게 도전해보자

한국의 리더에 머무르지 않고 글로벌 무대에 진출해 고위직에 오른 여성들이 있다. 그녀들의 공통점은 실력과 재능 등 여러 가지가 있지만 가장 돋보이는 점은 마음먹은 것을 당장 실천했고 용감하게 도전했다는 점이다. 국제기구의 고위직에 여성이 진출하는 것은 그때나 지금이나 힘들다.

파리에 본부가 있는 유네스코의 전체 884명 전문직 직원 중에 2014년 기준으로 국장급D1 여성 임원은 14명에 불과하다. 14명 중에 한국여성이 딱 한 명 있다. 바로 최수향 국장이다. 최수향 국장은 2014년 언론 인터뷰에서 이렇게 말했다.

"조금의 확률만 보여도 도전했어요."

그 도전정신이 오늘의 최 국장을 있게 한 원동력이 됐다. 대학을 졸업하고 캐나다로 유학을 갔다. 유학을 마친 후 한국교육개발원에 들어갔다. 그곳에서 근무 중 유네스코에 파견을 갔고 파견 근무가 끝날 때쯤 유네스코 정규 과장직에 도전하게 됐다. 그녀는 한 단계 한 단계 도전해야 했고 그때마다 치열한 경쟁을 거쳤다. 최수향 유네스코 국장에게 첫 번째 디딤돌은 어려서부터 영어 공부를 집에서 시킨 아버지였고 두 번째 디딤돌은 유네스코 파견을 기꺼이 보내준 교육개발원 상사였다. 그 상사는 "너는 할 수 있어." 하면서 주변을 설득해 교육개발원에서 재정지원까지 해주도록 만들어 유네스코에 파견을 보내줬다. 최 국장의 자질과 능력을 일찌감치 알아본 셈이다.

2015년 이맘때의 일이다. 파리에 있는 딸에게 카톡을 보냈다. "최수향 국장을 한번 만나보려무나." 파리에 있는 국제기구 중 대표적인 것이 OECD와 유네스코이다. 같은 지역에 근무하는 몇 명 되지도 않은 한국인인데 인생 선배로서 만나서 인사도 드리고 격려도 받으라는 것이 나의 조언이었다. 딸은 순간 망설였다. "엄마,

전혀 모르는 분인데 나같은 하위직을 만나줄까? 바쁘신데 예의에 벗어난 일이 아닐까?" "아니야. 그래도 이메일을 보내봐." 한국에서 온 새내기가 인사드리겠다고 하면 바빠도 만나 줄 것 같았다. "그 정도 지위까지 올라간 분이면 열린 마음을 가졌을 거야." 내 말이 맞았다. 딸은 엄마의 성화에 마지못해 이메일을 보냈는데 바로 답장을 받았다. '지금 아프리카 출장 중이니 파리에 오면 만나자. 비서에게 이야기할 터이니 시간을 잡으라'는 내용이었다. 딸은 파리에 아는 사람도 없고 외롭던 차에 한걸음에 약속을 잡아 그녀를 만났다. 그녀의 첫인상은 활발하고 적극적이었다.

딸에게 두 가지 조언을 해주었다. "불어공부에 전념하라"는 것이 첫 번째 조언이다. 그렇지 않아도 불어를 한마디도 못하는 상황에서 입사했다. 그런데 여기는 파리이다. 불어를 못하면 살 수 없다. 장기적 전략으로는 불어가 엄청난 무기가 될 터이니 시간과 돈을 투자하라는 것이다. 그나마 입사 1년 차가 한가한 때이니 이때 해야 한다고 강조하면서. 두 번째 조언은 무엇이든 '꾸준히 하라'는 것이다. 조급하게 생각하지 말고, 하다가 그만두지 말고 무엇이든지 꾸준히 하라는 격려를 듣고 신이 나서 돌아왔다. 사실 그런 조언은 엄마인 나도 매일 하는 말이지만 최 국장에게 들으니 더 와 닿는가보다. 1년이 흐른 지금 얼마나 최 국장의 말을 실천했는지 그건 모르는 일이지만.

유엔에서 최고위직에 오른 강경화 박사는 현재 인도주의업무조정국OCHA 사무차장보이다. 그녀의 장점은 도전정신과 유창한 영어에만 머무르는 것이 아니다. 전문성, 유연함, 대화와 소통 능력, 겸손한 성품 등 많은 자질을 갖추고 있는 여성 리더이다. 강 박사는 "나의 삶의 선택 기준은 도전과 경험이다."라고 단언한다. 단, 준비돼 있어야 한다. UN의 채용은 공개적으로 오픈돼 있어 누구나 자격을 갖추면 지원할 수 있다. 단지 자기의 이력서가 수많은 이력서 속에 파묻히지 않고 두드러지게 보이게 하려면 '준비가 돼 있어야 한다'는 것이다.

내가 그녀를 처음 본 것은 아마도 국회의장 통역비서관으로 일할 때였던 것 같다. 세련된 영어와 겸손한 태도가 인상적이었다. 통역비서관을 마친 후 김대중 대통령의 영어통역관, 외교부 장관 특별보좌관, 국제기구심의관, UN 대표부 공사, 한국여성으로는 처음으로 유엔인권대표사무소OHCHR 부대표와 UN 여성지위위원회 의장까지 한 단계 한 단계 발전해나갔다. 지금은 UN 고위직인 사무차장보급 ASG에 한국여성으로는 처음 임명돼 글로벌 리더로서 새로운 역사를 만들어가는 중이다.

:: 내 안의 '나'를 깨워라

여성 인재 중에 뜻하지 않은 위기나 고난이 찾아와 하는 수 없이 일터로 나왔다가 다른 곳에서 능력을 발휘해 큰 성공을 거두는 경우가 있다. 나는 그런 여성 인재를 볼 때마다 뜻하지 않은 위기나 고난이 없었다면 본인이 그런 능력이 있다는 사실도 모르고 평생을 보내게 될 텐데 나중에 얼마나 원통할까 하는 생각이 든다. 그래서 나는 '여성이니까' 하면서 스스로 자신의 능력에 대해 선을 긋지 말고 열린 마음으로 도전도 해보고 실패도 해보라고 권하고 싶다.

준비된 사람이 기회를 잡는다

몇 년 전에 패리스 힐튼이 즐겨 착용하는 액세서리를 국내 한 중소기업이 만들었다고 해서 화제가 된 적이 있다. 바로 보우실업 김명자 회장의 이야기이다. 김명자 회장도 정말 위기 앞에서 뜻밖에 자신의 능력을 발휘할 기회를 얻어 성공한 케이스이다. 보우실업은 마크 제이콥스, 지방시, 랄프 로렌 등 세계적으로 내놓으라 하는 명품회사에 납품하는 패션 주얼리 가공업체이다. 지금까지 디자인한 액세서리 품목이 무려 5만 개를 넘는다고 한다. 이들 제품은 모두 중국 청도 현지공장에서 생산되고 서울 본사는 디자인과 제품개발 업무를 맡고 있다. 2016년에는 베트남 하노이에도 생산공장을 오픈했다.

30년 전에 직원 한 명으로 시작한 사업이 이렇게까지 성장했다. 하지만 사업이 항상 잘됐던 것은 아니다. 사업이 거의 망해서 접으려고도 한 적도 있었다. 망해가는 사업을 다시 일으킨 것은 죽으나 사나 '품질과 신뢰'를 지킨 집념의 결과였다. 보우 실업은 김명자 회장이 직접 지은 이름으로 보석의 보寶자와 우정의 우友자가 합쳐진 말이다. '우정을 보석처럼 여기자'고 해서 보우라고 지었다. 사실 보우실업이 탄생한 것도 우정이 한몫했다. 국내에서 사기를 당한 네덜란드인 바이어를 돕다가 그 바이어 권유로 패션 쥬얼리 가공업에 뛰어든 것이다.

김 회장은 "기회는 누구한테 다 주어지는데 준비가 된 사람만이 그 기회를 잡는다"는 말을 실감한다. 경험이 있기 때문이다. "저는 주부였어요. 집에서 책을 읽고 글 쓰는 것만 좋아했어요. 지금과 같이 액세서리 사업을 할 줄은 정말 상상도 못했어요." 그녀는 시를 쓰는 것을 좋아해서 자작시를 영어로 써봐야겠다는 소박한 생각으로 영어 공부를 열심히 했다. 그런데 어느 날 갑자기 기회가 왔다.

작은 무역회사와 함께 일하던 남편이 김 회장에게 공항에 같이 가자고 했다. 공항 픽업을 같이 나가기로 한 무역 회사 사장이 사라진 것이다. 외국인과 영어를 해본 적이 없는 김 회장은 사전을 들고 공항으로 가서 우선 바이어를 호텔에 투숙시키고 상황을 알아보았다. 그런데 이게 웬일인가? 무역회사 사장이 집과 사무실 문을 닫고 미국으로 야반도주한 것이다. 할 수 없이 영어사전을 들고 다니면서 바이어를 도와주었다. 바이어는 한국에서 액세서리 부품을 가지고 네덜란드에 가서 완제품으로 만들어서 파는 일을 하고 있었다. 그러던 중 바이어가 김 회장이 컬러 감각이 좋다며 사업을 권유했다.

하지만 가정주부였던 김 회장이 창업하는 데는 엄청난 용기가 필요했다. 남편이 옆에서 거들었다. "여보, 유럽 여행 가는 것이 로망이잖아. 유럽 여행 갈 겸 해봐." 처음에는 해외여행이나 실컷 하고 그만두겠다는 생각으로 시작했다. 그런데 막상 사업을 해보니 생각이 달라졌다. 처음 유럽에 가보니 우리나라 제품이 백화점이 아니라 노점상이나 슈퍼에서 팔리고 있었다. 백화점에 못 가는 현실에 속이 상했다. 그때 이런 생각을 하게 됐다. '왜 우리나라는 고급 제품을 못 만들지? 품질도 나쁘고 디자인도 별로라서 그런가? 진짜 그렇다면 내가 한 번 고급 제품을 만들자.' 이런 결심을 하면서 유럽여행을 실컷 하고 그만두려던 사업에 열정을 쏟게 됐다. 지금은 OEM 또는 ODM 방식으로 수출하지만 처음에는 완제품으로 시작했다. 자체 브랜드 마텔리Matelli를 만들었다.

"제가 만약 무역을 하거나 글로벌 비즈니스 공부를 했던 사람이었으면 자체 브랜드를 하지 않았을 거예요." 제품은 만들었지만 바이어들은 눈길도 주지 않았다. '어리석은 사람이 산을 옮긴다'는 말이 있는 것처럼 모르니까 했다. 열심히 하면 뭐든지 다 되는 줄 알았다. 하지만 열심히 해도 안 되는 일도 있다는 것을 깨닫는 데는 그리 시간이 오래 걸리지 않았다. 바이어들은 다 자기 브랜드로 물건을 팔고 싶어 했고 마텔리를 팔아줄 회사는 아무도 없었다. 그 때 작은 바이어를 50개 잡았다. 김 회장은 개미 바이어라고 불렀다. 브랜드를 알린다는 희열감으로 나름 재미있게 일을 했다.

그런데 회사가 어느 정도 자리를 잡아가려고 할 때 대형사고가 터졌다. 1990년대 초 러시아 모스크바백화점과 계약하고 선적하려는데 소비에트연방이 해체되면서 현지 상황이 대혼란에 빠져버렸다. 11월 26일 날짜도 잊지 못한다. 15만 달러가 넘는 제품을 보냈지만 대금을 돌려받을 길이 없었다. 회사는 순식간에 비틀거렸다. 사업을 접으라는 신호 같았다.

"방법이 없었어요. 결국 회사 문을 닫기로 했습니다. 이것저것

147

계산해보니 빚은 없더라고요. 제가 원래 빚을 내서 사업하는 스타일이 아니었어요."

그렇게 결심하고 다시 한국으로 돌아와 사무실에 갔더니 직원들이 밤샘 작업을 끝내고 소파에 쓰러져 잠들어 있었다. 순간 눈물이 왈칵 쏟아졌다. 이런 직원들을 실업자로 만들 수 없다는 생각이 들었다.

"이렇게 열심히 일하는 직원들을 보니 도저히 사업을 접겠다는 말을 못하겠더라고요. 내가 사업을 접으면 나야 편하겠지만 직원들은 하루아침에 실업자가 되고 거기에 딸린 가족들은 어떡하나? 하는 생각에 회사를 포기한다는 생각을 접었어요."

그날 이후 더 열심히 일했다.

그리고 다른 길을 찾았다. 자체 브랜드를 접고 ODM을 시작한 것이다. 그런데 며칠 후 갑자기 계좌로 큰돈이 들어왔다. 4만 달러였던 것으로 기억한다. 해외 바이어와 물건 상담을 했는데 지나가는 말로 작년에 모스크바에서 손해 보고 힘들어서 사업을 그만두려 했던 이야기를 했다. 그랬더니 은행에서 돈 빌리지 말라며 자기 돈을 쓰라고 빌려준 것이다.

전화를 했더니 "더 필요하면 이야기하세요. 은행 돈 쓰지 말고 내 물건을 선적할 때 조금씩 공제하면 됩니다."라고 했다. 바이어가 공급업자에게 그냥 돈을 빌려주는 일은 흔한 일이 아니다. 김회장은 그 자금을 종잣돈으로 다시 일어나기 시작했다.

148

힘든 시기에 햇빛 같은 제안이 찾아왔다. 미국 브랜드 클레어스 CBI 부사장이 한국에 미팅이 있어서 오는데 만나자고 연락이 왔다. 부랴부랴 샘플을 싸들고 미팅에 나갔다. 그런데 조건이 있었다. '자체 브랜드로 하지 않고 ODM으로 하자.' 이거저거 가릴 때가 아니었다. 그때 계약이 기적같이 성사됐다.

"우리가 디자인해서 제시한 샘플을 90% 이상 오더했어요. 디자인과 품질 모두 다 마음에 들어 했어요."

정말 오더가 폭탄 투하하듯이 쏟아졌다. 그동안 유럽의 개미 바이어들은 기껏해야 5,000~3만 달러 정도 주문했는데 CBI는 스케일이 달랐다. 한 번에 몇만 개씩 주문했다. 그 당시에 600~700개되는 쥬얼리 수출 회사 중 600위 정도 하다가 CBI랑 5년 거래하다보니 랭킹 5위가 돼 있었다. 망해가는 회사가 수출상을 받는 기업으로 성장한 것이다. 그리고 이때부터 디자인에 자신이 생겼다.

여성이라고 못할 이유는 없다

1997년도부터 다른 명품 브랜드를 두드리기 시작했다. 편지를 수십 번 보내고 아무리 샘플을 보내도 연락이 안 됐다. 샘플을 보내기 시작한 지 1년 6개월이나 지났을까? 드디어 모네Monet라는 미국의 액세서리 전문 브랜드에서 연락이 왔다. 마침 한국에 올 일이 있으니 만나자는 것이다. 이 기회를 놓칠 수는 없었다. 아예 그 회사에서 팔고 있는 제품을 가져다 놓고 심층 연구를 했다. 바이어 마음에 들려면 현재 바이어들이 판매하는 것보다 훨씬 더 잘 만들어야 한다. 디자인을 다양하게 만들어서 보여줬더니 역시 마음에 들어 했다. 처음에는 심플한 디자인 몇 개를 오더 넣었다.

그러던 어느 날 "우리가 새롭게 개발한 제품을 보여주었더니 모네 측에서 깜짝 놀랐어요." 그 당시에는 스와로브스키 크리스털밖에 없었는데 세계 최초로 유리로 다이아몬드 커트와 똑같은 제품을 개발했다. 이 기술에 모네가 반해서 이때부터 오더를 늘렸다. 모네가 조금 어려울 때였는데 그 제품으로 히트 쳐서 어려움을 이겨냈다며 좋아했다. "한참 때는 모네의 70%를 우리가 생산했어요." 눈길도 안 주던 바이어였는데 품질이 좋고 신뢰가 있으니 입장이 정반대로 변해 있었다.

까다롭기로 소문난 모네랑 거래하니 다른 브랜드를 유치하기가 쉬워졌다. 케네스 콜, 엘렌 트레시, 쥬시 꾸뛰르 같은 명품회사의 쥬얼리 런칭을 도맡아 했다.

하지만 또 한 번의 어려움이 닥쳐왔다. 2008~2009년 금융위기 때 직격탄을 맞은 것이다. 당시에 은행에서 권장하는 키코KIKO를 했다가 40억 원이 넘는 손해를 보면서 회사에 또 한 번 위기가 닥쳐왔다. 하지만 똘똘 뭉친 직원들의 상상을 초월한 노력과 부채 없는 탄탄한 회사 경영 덕에 무사히 위기를 면할 수 있었다. 2010년에는 직원 성과금 보너스를 최고 500%까지 지급할 수 있었다. 가락동 보우실업 쇼룸에는 지난 30년간 제작하고 판매했던 제품들이 그대로 전시돼 있다. 디자인과 품질이 다 우수해 보였다.

30년간 숱하게 받은 질문은 "여성이라서 힘들지 않았냐?"는 거다. "패션 주얼리 비즈니스는 오히려 여자라는 점에서 플러스 요인이 많았어요." 여성이라서 어려운 점은 딱 한 가지이다. 해외 출장 가서 낯선 나라의 호텔방에서 혼자 자는 것. 하지만 사업할 때는 여자라서 어려운 일은 없었다. 보석가공업이라 그럴지도 모르겠다. 김 회장은 후배들에게 "무슨 제품을 만들든지 반드시 최고의 명품을 만들어라."라고 조언한다. 그녀는 "반찬을 만들어도 한국에서 통하면 세계에서 통하니 한 가지만이라도 명품을 만들어보라"고 할 정도로 품질만 좋으면 반드시 통한다는 믿음이 있다. 어떻게 성공을 했느냐는 질문을 받을 때마다 '여성으로서의 한계를 의식하지 않는다'는 것이 중요하며 "혹시 한 번이라도 좋아하는 것에 미쳐봤어요?"라고 반문한다. 뭔가에 미쳐보지 않고 성공할 생각을 하지 말라는 뜻이다.

"내성적이고 낯가림도 많이 하는 성격이에요. 사업을 이렇게 오래 해도 타고난 성격이 잘 바뀌지 않아요. 하지만 국제 비즈니스를 하는 데는 아무 문제가 없어요. 여성이라고 못할 것은 없습니다."

:: 변화에 기꺼이 동참한다

대부분의 사람은 현실에 안주하고 싶은 본능이 있기 때문이다.
변화를 두려워한다. 하지만 인터넷의 등장과 스마트폰의 보급으로
우리가 10년 전에는 상상하기 어려운 변화를 매일처럼 겪고 있다.
급변하는 사회에서 변화하지 않으면 살아남기 어려운 것이 현대사
회의 모습이다. 변화를 이끌어내기 위한 도전은 계속 이어져 왔다.
용기 있는 여성들도 이 물결에 적극 동참하고 있다.

안주하지 말고 도전하라

한경희생활과학을 이끌고 있는 한경희 대표는 변화와 도전을 거
듭하며 인생 역전 드라마를 쓰는 중이다. 내가 그녀에 대해 처음
안 것은 교육부가 당시 국제협력을 위해 영어에 능통한 사무관 세

명을 국제고시를 통해 특채했다는 언론보도였다. 우연히도 세 명 다 여성이었고 그중의 한 명이 한경희 대표다. 나도 그 당시 행정 사무관이었고 첫 출발은 교육부(당시는 문교부)에서 했기 때문에 그녀들을 유심히 보게 됐다.

몇 년 후 그녀는 공무원을 그만두고 창업에 도전했다. 행정사무관으로 있었어도 미래가 탄탄했을 텐데 안정적인 공직을 버리고 새로운 세계에 뛰어든 것이다. 지금 계속 공무원을 했다면 모르긴 몰라도 국장까지는 승진했을 것이다. '지금 했다면……'을 쓰는 것은 사실 의미 없는 일이다. 얼마나 가슴 뛰는 일, 설레는 일을 하느냐가 중요한 것이다. 가슴 뛰는 일을 하기 위해 변화를 두려워하지 않는 용기가 오늘의 그녀를 만든 원동력이다.

하지만 창업 전부터 시련이 왔다. 스팀다리미를 보고 스팀청소기를 만들기로 생각하고 창업을 준비했는데 다리미와 청소기는 차원이 달랐다. 스팀의 양도 많아야 하고 일정한 스팀을 꾸준히 뿜어내는 기술도 필요했다. 영업은 더 문제였다. 생각했던 창업자금보다 10배의 자금이 필요했다. 어느 날 창업자금을 신청하러 갔다가 남편을 대신한 바지사장으로 오해도 받았다. 폭삭 망해서 길거리로 내몰릴 것 같은 불안감도 엄습했다. 그러나 다행히도 입소문이 퍼졌고 홈쇼핑까지 진출하게 돼 대박을 터뜨렸다. 홈쇼핑 진출이 사업판로의 계기를 열어준 셈이다. 지금도 홈쇼핑을 틀면 가위칼, 회전스팀청소기, 식품건조기 등 한경희생활과학 제품이 심심치 않게 보인다.

우여곡절을 겪고 1999년 회사설립 후 2001년 바닥청소용 스팀 청소기를 출시한 이후 현재까지 국내 스팀청소기 시장의 80% 이상을 점유한 건실한 기업으로 성장했다. 성과를 인정받아 2008년 『월스트리트저널』 선정 주목해야 할 여성기업인 50인에 선정됐고 2012년에는 『포브스 아시아』 선정 아시아 파워 여성기업인 50인에 선정되기도 했다.

그 후 새로운 제품 개발에 집중한 한 대표는 도마가 필요 없는 가위칼을 선보였다. 가위칼은 각종 음식재료를 원하는 용도에 맞춰 칼로 자른 듯이 손질해주는 신개념 조리도구다. 또다시 새로운 제품개발을 준비하는 그녀의 앞날이 기대도 되고 궁금해진다. 여성과 주부의 눈높이에서 스팀청소기를 개발해낸 것처럼 빈부에 상관없이 누구나 삶의 질을 높일 수 있는 제품을 만들겠다는 목표로 오늘도 열정을 다하는 그녀를 진심으로 응원한다.

내 인생의 CEO는 '나'이다

세계여성이사협회WCD 한국지부에서 만난 문효은 아트토이컬쳐 대표는 "우리는 지금 아무도 가지 않는 길을 간다"고 말했다. 모든 것이 불확실한 미래 때문이다. 과거는 그래도 대략적인 전망이 가능했지만 우리 앞에 놓인 미래는 완전히 예측이 불가능하다. 지금과 같은 세상을 10년 전에는 상상이나 했겠는가. 페이스북, 배달의민족, 카카오톡이 우리의 생활을 지배하고 있다. 불과 5년 전만 해도 대세였던 천리안, 야후, 싸이월드가 사라지고 계속 새로운 플랫폼이 등장하고 있다.

이제 IT는 공기 같은 존재가 되었다. 73억 인구 중에 인터넷을 쓰는 인구는 43%인 32억이다. 취미이든 생활이든 소통이든 영업이든 24시간이 IT와 연계돼 있다. IT는 전 세계Global를 가동시키기 때문에 실제세계real world는 전 세계로 확장돼 있다. 글로벌 자원도 무궁무진하므로 IT 글로벌에서의 '나'를 만들어가는 과정이 필요하다. 우리는 73억과 실시간으로 연결된 존재이다.

그녀가 이런 생각을 지니게 된 것은 우연이 아니다. 그녀는 지난 30년을 IT업계에서 살아온 IT 우먼이다. 대학에서는 불문학을 전공했지만 졸업하자마자 하게 된 일이 인터넷이었다. 아마도 우리나라에서 인터넷이 막 보급됐을 때일 것이다. 일하자마자 인터넷의 마력을 느꼈다. 벤처 열풍이 한참 불 때인 1999년 창업을 했다.

"1990년대 인터넷 열풍이 불기 시작하면서 창업할 기회가 열렸어요. 삼성 SDS의 우수한 컨설턴트들 세 명이 만든 벤처회사 아이비즈넷에 마케팅 이사로 합류했어요. 그 당시 인터넷 비즈니스를 하려면 누구나 알아야만 하는 사이트이고 동료들은 인터넷 업계 전문가들이 인정하고 배우고 싶어하는 컨설턴트들이었어요. 저도 함께 공동 주주로서 인터넷 비즈니스 뉴스 제공 및 컨설팅 등을 하면서 비즈니스에 대해 많이 배웠어요. 2년 후 코스닥 상장기업과 합병하게 됐고 창업 멤버와 직원들은 젊은 나이에 비교적 빠르게 벤처 사업을 통해 돈을 꽤 벌었어요."

그리고 다시 인터넷 교육 회사를 창업했다. 2000년대 초반 일이다. 그런데 이게 웬일인가. 닷컴 버블이 갑자기 꺼지면서 자금줄이 막혔고 사용자 반응이 생각보다 없었다. 큰 손실을 볼 수밖에 없었다. 직원 열 명 봉급 주기가 어려워 봉급날이 두려워졌다. 왜 이리 봉급날은 금방 오는지. 직장에서 봉급을 받는 것이 얼마나 편안하고 감사한 일인지 그때 깨달았다. 봉급뿐만이 아니다. 관리비, 운영비 등 나가야 할 돈은 많지만 들어오는 돈은 없었다. 어쩔 수 없이 그동안 번 돈을 모두 털어 넣고 한 달 한 달을 간신히 버텼다.

"하루하루 우울하고 힘들었어요."

사업이 망한다는 것이 어떤 것인지 절절히 배웠다. 매년 쌓이는 적자를 더 이상 감당하기도, 회사를 끌고 가기도 어려웠다. 결국 완전히 망한 후에 정리했다. 그 경험 이후 사장의 눈높이에서 월급만큼 역할을 하고 있는지, 그리고 그 이상으로 어떻게 잘해야 하는지에 대한 끊임없는 성찰을 하게 되었다.

미래에 대한 불안과 회사에 대한 책임감 속에서 우울했던 시절에 마침 다음에서 재단 대표와 부사장을 제안했다. 그 이후 10년간 다음 부사장과 다음세대재단 이사장을 맡았다. "다음에 합류했던

156

시점이 라이코스 인수 이후 가장 힘들었던 때였어요." 처음에는 경영관리 부문을 맡는 COO였다. 그 후에 인터넷 서비스 부문을 총괄하면서 로드뷰, 다음앱, 마이피플 등 모바일로 다음의 차별화된 서비스 및 마케팅을 통해 '모바일은 다음'이라는 브랜딩을 했다. 10년이 지난 지금 정말 좋은 회사가 됐다. "시가총액도 1,500억 원에서 2조 원까지 성장했거든요." 10년간 다음에서 일한 후 그만두고 새롭게 아트토이컬쳐라는 회사를 창업했다.

그녀는 지금 아트와 IT 그리고 글로벌 시장에 관심을 갖게 되면서 팝아트로부터 출발한 '아트토이'에 푹 빠져 있다. "아트토이는 '나만의 수집 문화'와 인스타그램 등 SNS의 발전과 맞물려 국경을 넘나드는 파급력을 가지고 있어요." 요즘 중국 등 전 세계 무대를 대상으로 하는 아트토이컬쳐 국제 페어를 준비하고 있다. 지난달 중국 디자이너들의 작품 공개 사이트인 지쿨zcool에 아트토이컬쳐 작가들의 디자인 포트폴리오가 소개됐다. 매우 짧은 순간에 '좋아요' 클릭 수가 70만까지 올라갔다. 디자인에 대한 중국의 관심에 깜짝 놀랐다.

문 대표는 경쟁이라는 용어를 싫어한다. 남과 경쟁하기보다는 그냥 자신의 심장이 뛰는 목소리에 충실하는 게 좋았기 때문이다. 매 순간 단계마다 도전하고 최선을 다하면 어느새 목표가 이루어져 있고 그 과정에서 일의 즐거움을 느껴왔다. IT가 세상을 바꾸었음을, 바꾸고 있음을, 앞으로 더 바꿀 것을 예감한 문 대표가 한 말이다.

157

"우리는 아무도 가보지 않은 길을 가기에 미래가 불안하고 두렵다. 하지만 그동안 최선을 다해 살아온 나의 인생을 칭찬도 해주고 '너는 할 수 있을 거야.'라고 격려도 하면서 스스로의 인생에 대해 비전을 밝혀야 한다. 내가 어떤 조직에서 어떤 지위를 가지고 어떤 일을 하는 것은 반드시 변하게 마련이지만, 변하지 않는 영원한 것은 내 인생의 CEO는 '나'라는 사실이다."

문 대표는 문효은 컴퍼니의 CEO이고 나는 이복실 컴퍼니의 CEO이다. 문 대표의 말을 들으니 나도 정신이 번쩍 났다. 내가 내 인생의 CEO라는 생각은 해본 적도 없고 IT와 별로 친하지 않게 살아왔는데 세상변화를 못 읽고 있었나 보다. 그 누군가가 나에게 하는 기대에 맞추는 것이 아니라 진심으로 내면에 있는 열망에 귀기울이려 노력하고 끊임없이 자기와의 대화를 시도해야 가능한 일이다.

아직도 귀에 그녀의 이야기가 울린다.

"지위가 높다고 성공한 것이 아니에요."

새로운 일을 해야 지루하지 않다

내가 홍종희 에어비앤비 홍보총괄을 만난 건 그녀가 화장품기업 로레알의 홍보담당 이사로 재직할 당시였다. 그때 경력단절여성들의 재취업을 돕는 사회공헌프로젝트를 함께 추진했다. 퇴직하고는 그녀를 만날 기회가 없어 소식이 궁금했다.

2016년 초 오랜만에 그녀에게 연락하니 에어비앤비 홍보총괄로 이직했다고 한다. 아니, 로레알 홍보이사는 남들이 부러워하는 직장인데 안정적인 직장을 버리고 왜 신생기업으로 갔을까? 내가 물었다. "그 좋은 직장을 버리고 왜 옮겼어요?" "한 회사에서 오래 근무를 하다가 새로운 배움을 갈망하는 단계가 오면 옮기고 싶어져요." 그녀의 대답이었다.

이번 직장이 세 번째였다. 첫 번째 직장은 홍보대행사 버슨-마스텔러였다. 거기서 10년간 외국계 기업들의 전략 커뮤니케이션 프로그램과 대기업과 정부의 해외 홍보 마케팅 일을 했다. 10년 정도 하니까 일도 익숙해졌고 점점 매너리즘에 빠지는 것 같아 새로운 일을 해보고 싶었다. 여태껏 바깥에서 홍보를 대행하는 일을 했다면 이제는 회사 내부로 들어가서 좀 더 깊숙이 한 회사의 브랜드에 집중해서 홍보를 경험해보고 싶은 갈망이 생겼다. 그렇게 7년 넘게 로레알 코리아에서 홍보담당 이사로 내외부 커뮤니케이션을 담당했다. 로레알에서 성과를 인정받아 아시아지역에서 최고의 홍보캠페인을 전개한 회사에 수여하는 '아시아 PR상Asia PR Awards'을 수차례나 수상하기도 했다. 7년 정도 일하다 보니 또 새로운 일에 대한 갈망이 생겼다. 이때가 옮길 때인 것이다.

"그때 스스로에게 던진 세 가지 질문들의 교집합을 찾으면서 옮

159

길 회사를 선택했어요. 다음의 물결은 뭘까? 내 열정이 끊임없이 불탈 수 있나? 내가 잘할 수 있나?"

지난 18년간 전통산업에서 근무했으니 이제는 디지털 세대에 맞춘 혁신기업으로 옮기기로 했다. 그리고 앞으로도 10년간 즐겁게 일할 수 있고 에너지를 태울 수 있는, 누구에게나 열정의 원천이 되는 '여행' 분야에서 근무하고 싶어졌다. 그러자 2008년에 샌프란시스코에서 세 명의 젊은이가 창업한 글로벌 숙박공유기업인 에어비앤비가 눈에 들어왔고 그게 인연이 돼 에어비앤비 한국지사로 옮기게 된 것이다. 홍 총괄은 새로운 직장으로 나를 초대했다. 남산 기슭의 주택이 사무실이었다. 가정집을 고친 사무실. 밝고 긍정적인 활력이 넘치는 20~30대 직원들이 스스럼없이 자유롭게 근무하는 분위기가 다른 직장과 달랐다.

에어비앤비에서 근무한 지난 1년간 그녀에게는 행복한 일들이 많이 생겼다. 우선 일상을 여행처럼 살아가는 삶이 가능해졌고 "빈방이 제2의 청춘, 내 인생의 전성기를 돌려줬다."라고 말해주는 호스트들의 이야기를 접할 때마다 그가 하고 있는 일의 의미가 남다르게 다가왔다.

"내가 하는 일이 개개인의 삶에 긍정적인 변화를 이끌어내고 신뢰할 수 있는 사회를 만들어간다는 점이 보람이 있어요." 의미 있는 일이 그녀에게 힘을 주고 있었다. 그녀는 최근 이런 호스트들의 스토리를 담아 『에어비앤비 액티브 시니어 인생 호스팅』이라는 책

160

을 기획해서 회사 이름으로 출간했다.

"자신의 일에 의미를 부여하세요."

홍 총괄이 후배들을 만날 때마다 해주는 조언이다. 내가 하는 일이 단순히 제품을 파는 게 아니라 사회적으로도 의미 있는 일이라는 것을 확인하고 하다 보면 보람도 커져 결국 성공적으로 수행된다는 것이다.

우리는 변화의 폭이 큰 시대를 살고 있지만 내가 알고 있는 세상의 범주는 여전히 작다. 내가 혼자 할 수 있는 업무의 역량도 많지 않다. 그래도 한 번도 해보지 않은 새로운 일에 도전하고 다양한 분야의 사람들을 엮어 연대를 구축하면 큰일들을 벌여나갈 수 있다. 그러기 위해서는 하나로 묶을 수 있는 일의 의미, 그 과정의 즐거움, 원활한 커뮤니케이션 능력이 필요한 것 같다. 10년 후에는 홍 총괄이 어떤 에너지를 불태우고 있을지 그녀의 변화가 궁금해진다.

무라카미 하루키도 말했다. "새로운 무언가를 할 수 없다면 인생은 분명 지루한 것이 되고 말지요."

3장

Strategy

전략

요즘 여성들의 사회 진출이 활발하다 보니 여성과 같이 일하는 남성들이 늘어났다. 그러면서 이런저런 이야기들이 슬슬 나오기 시작한다. 남성 기관장인 K는 평생 남성들하고만 일하다가 퇴직할 무렵이 되니까 하나 둘 여성 부하들이 생겼다. 처음에는 '여성들이 일을 남자처럼 해낼까?'라고 걱정했는데 막상 같이 일해보니 생각보다 일도 잘하고 책임감도 강했다. 그분 표현에 의하면 깜짝 놀랄 정도로 다 일을 잘했다.

그런데 그다음이 문제이다. "그런데⋯⋯" 하면서 말이 이어진다. "여성들이 조금 크게 보았으면 좋겠어요." 이런 이야기를 하는 분들은 K뿐만이 아니다. 여성들이 소수이고 함께 일하는 것이 낯선 일이라서 그럴까? 성과도, 문제도 두드러지게 보이게 마련이다. 조금 뒤처지는 여성들을 보면 "여성이니까 그렇지"로 흘러가버린다. '일에 몰두하지 않는 이유'가 개인별로 엄청나게 다양하지만 여성 인재의 경우에는 "여성"이라는 타이틀로 일반화되어 한 가지로 설명되는 경향이 있다.

이런 경향을 미국 미시간대 경영대학원 제임스 웨스트팔James Westphal 교수는 2016년 9월 인터뷰에서 '여성들을 하나로 묶어서 이야기하는 것은 개인차를 무시하는 것을 넘어서서 사회적 편견'

이라고 주장했다. 그리고 실제 '여성이니까'는 '남성이니까'보다 평가 절하된 표현이라는 것이다. '일반화'는 고정관념의 또 다른 이름이다. 그의 주장은 다시 한 번 티핑 포인트의 전제조건 '정서적 전염성'의 걸림돌이 성별 고정관념임을 입증해준다.

몇 년 전 많은 인기를 끌었던 공중파 드라마에서는 "집에 일찍 가려고만 하고, 일을 열심히 하지 않는다."라고 뒷담화를 하면서, 한편으로는 일만 하는 여성을 보고는 "가정을 돌보지 않는 독한 여자."라며 힐난하는 장면이 나온다. 일을 잘해도 욕먹고 가정을 돌봐도 욕먹고. 도대체 어떻게 하란 말인가?

나의 제자인 나래가 말한다. "여성의 일과 가정 양립에서 오는 사회의 이중적인 시선이 느껴져요." 힐러리 클린턴도 말했다. "여성들은 딜레마에 처하곤 한다. 똑똑하게 자립해야 하는 반면에 누구도 언짢게 하지 않아야 하고 누구의 발도 밟지 말아야 한다. 그렇지 않으면 자기주장이 강하다는 이유로 아무도 안 좋아하는 사람이 되어버린다." 이런 이야기들이 들릴수록 성장을 지속하기 위해 현명한 전략이 필요해짐을 알 수 있다.

우리는 지금까지 마인드셋과 태도에 대해 이야기했다. 그러나 현명한 전략이 없다면 성장이 지속되기가 쉽지가 않다. 이때 전략은 '나만의' 색깔을 요구한다. 마인드셋과 태도로 무장됐다고 해도 나만의 색깔이 없다면 평생 남과의 경쟁에 신경을 쓰다가 애써 쌓아온 노력이 무너지기가 쉽기 때문이다. 또 전략이 없다면 지혜롭게 현실을 극복하기가 쉽지 않다.

성공한 여성들의 전략은 어떤 것이 있었을까? 메르켈 총리는 몇 년 전 언론 인터뷰에서 네트워크가 정치인으로서 그녀의 성장에 가장 큰 도움을 주었다고 이야기했다. 남들이 눈치채지 못하는 전략도 있었다. 셰릴 샌드버그는 저서 『린 인』에서 성공한 여성은 미움을 받기 쉬워서 자신은 안 그렇게 보이려고 노력했다고 고백하고 있다. 그게 더 큰 성공을 위한 그녀의 전략이었을 것이다. 특히 워킹맘들은 가정이라는 또 하나의 직업을 가진 것이나 마찬가지이므로 '육아문제 해결'에 대한 전략이 하나 더 요구된다.

또 전략이 필요한 이유가 하나 더 있다. 지속적인 성장을 위하여 자신감, 긍정, 용기 등 마인드셋과 실천력을 갖는 것도 중요하지만 정상에 가까울수록 실수를 하지 않는 것도 중요하다는 점을 지적하고 싶다. 아직 정상이 멀었을 때의 실수는 교훈이 될 수 있지만 정상에 거의 다가왔을 때의 실수는 회복하기가 어려워 치명적이 되기 쉽다. 실수하기 쉬운 점은 무엇인지, 고칠 점은 없는지 이번 장을 통하여 한 번 짚어보자.

이번 장에서는 어떻게 소통하며 어떻게 균형을 이루며 어떻게 직장에서 현명하게 일할 것인가에 대하여 세세하게 설명하겠다. 또 전략이라기보다는, 그냥 옆에 있기만 해도 힘이 되지만 실제로 정서적인 지지대가 되고 실제 도움을 주는 가족이야기도 썼다. 그리고 사회생활을 막 시작하는 초년생 못지않게 많은 준비와 용기가 필요한, 인생 2막을 준비하는 여성들을 위한 조언도 포함돼 있다. 성장을 꿈꾸는 모든 분에게 말하고 싶다. 나만의 전략을 만들어서 하고 싶어 가슴 설레는 일을 포기하지 말고 끝까지 한 번 가보자고. 왜냐하면 우리는 죽을 때까지 성장하기로 마음먹었기 때문이다.

:: 네트워크를 만들어라

성공한 여성 리더들을 면밀하게 살펴보면 유사한 공통점이 있다. 능력과 자질을 인정해주고 코치해주고 밀어주고 도와주는 디딤돌이 있다는 점이다. 혼자의 힘으로 클 수 없는 게 세상이다. 좋은 인연 속에서 네트워크, 디딤돌, 멘토를 만들어나갈 때 지속적으로 성장하고 삶의 지평도 넓어지는 것이다.

좋은 인연을 만들어라

박성희 교수는 저서 『공주를 키워주는 회사는 없다』에서 젊었을 때 자신이 "줄도 빽도 없다는 말을 자주 했다"고 고백한다. 그런데 줄도 빽도 없으면서 정작 끈을 만들려는 노력은 하지 않았다는 것이다. 간부가 되고 나서야 인맥도 자기 하기 나름인 것을 깨달았다. 개천에서 나는 용의 99%가 남자인 이유는 여자들이 끈을 엮는 노력이 부족해서라면서 인맥 만들기의 법칙 3가지를 소개했다. 하버드대 경영대학원의 린다 힐 교수도 인맥관리를 리더십의 3대 원칙의 하나로 꼽았다.

첫째, 무슨 핑계든 자주 만나라. 필연이든 우연이든 일단은 자주 만나야 정이 든다는 것이다. 자주 만나기 위해서는 개별적인 만남은 지속성이 약하니 여럿이 함께하는 모임을 하는 것이 좋다. 사무관 초임 시절인 1980년대의 일이다. 여성사무관이 임용되면 제일 먼저 연락하는 분이 계셨다. 바로 전재희 전 복지부 장관이다. 행정고시 1호 합격자로서 2호 후배를 무척 기다리셨단다. 7년 후에야 2호 후배가 나오고 그 뒤를 이어 1년에 한두 명씩 계속 나오기 시작했다. 그때마다 불러서 저녁을 사주셨다.

장소도 정해져 있었다. 시청역 근처 세실. 지금은 다른 이름의 식당으로 바뀌었지만 그 당시 세실은 식당뿐 아니라 다양한 문화공연을 하는 친목과 문화의 공간이었다. 그때 세실에서 나눈 이야기들은 아직도 기억에 남는다. 아마도 그 모임이 5년 정도는 유지한 것 같다. 점점 인원이 늘어나고 참석률도 저조해지면서 지금 없어졌다. 나부터도 거의 참석을 못했다. 아이들이 한창 크는 시점이라 퇴근 후와 주말이 더 바빴다. 집안일은 밀려 있고 아이들과 보내는 시간도 빠듯하다 보니 모임에 못 나갔다. 도저히 갈 수가 없었다. 다들 느끼는 워킹맘의 한계였다. 지금 생각해도 안타깝다.

둘째, 어떤 일이든 친절하게 성심성의껏 응대하라. 이 부분에서 롤모델로 삼을 인물은 유순신 대표이다. 유순신 대표는 직업이 직업이니만큼 하루에도 수십 통의 전화를 받는다. 하지만 전화 한 통화도 문자 하나도 무시하거나 대충 넘기는 법이 없다. '얼마나 답답하면 나한테 전화했을까?' 하는 생각에 성심성의껏 답장을 보낸다. 정말 중요한 팁이다. 새겨들어야 한다.

친구 A가 하소연을 했다. 모 씨에게 문자를 보냈는데 답변이 없다는 것이다. 모 씨가 옛날에는 안 그랬는데 자기가 보직이 바뀌니 태도가 변했다며 상심하고 있었다. 내가 아주 세게 말했다. "원래 그런 여자예요." 그런 경우에는 상심할 필요도 없고 재고할 시간도 아깝다. 절대 그래서는 안 되는 것이 변하는 일이다. 항상 일관성을 유지해야 진정성이 있는 것이다. 남자들은 이것을 의리라고 부른다. 남성의 세계에서도 의리를 그렇게 중요하게 말하는 것을 보면 의리를 못 지키는 사람들이 많은가보다. 남성이든 여성이든 변하지 않는 진정성이 중요하다. 그것은 인맥관리보다 한 차원을 넘어선 일이다.

셋째, 한 번 만난 사람들의 이름과 신상을 기억하라. 사람이라면 누구나 자기를 기억해주는 사람들에 대해 호감을 갖는 법이다. 그런데 이게 참으로 어려운 일이기도 하다. 그렇다고 기억력 탓만 하고 있을 수는 없다. 노력해야 할 부분이다.

여기서 나는 다른 팁을 제안하고자 한다. 여성들끼리도 인맥을 만들라는 것이다. 대부분 조직의 최고위 의사결정자들이 남성이기 때문에 남성들의 모임에 어떻게 끼어볼까 하고 기웃거리는 게 일반적이다. 그런데 그게 쉽지 않은 일이다. 학연과 지연과 의리로 뭉친 그들만의 세계에 아웃사이더가 끼어든다는 것은 불가능에 가깝다. 그런데 여성들의 인맥도 중요한 인맥이다.

또 수많은 명함보다 진정성 있는 친구 한 명 사귀는 것이 더 중요하다. 모임에 가서 명함을 주고받고 하는 것만이 네트워킹은 아니다. 나도 수많은 모임에 가서 많은 명함을 교환했지만 나중에 가서는 그 명함의 주인공이 누구인지도 기억 못한다. 쌓이는 명함을 찢어버리기도 바쁘다. 그래서 진정성이 있는 친구가 필요하고 "사람을 진정성 있게 대하면 네트워크가 생기는 것 같다"고 이야기한다. 진정성이 매개되면 인맥은 넝쿨처럼 늘어날 수 있기 때문이다. 여기 공식이 있다.

진정성×친구 = 네트워크

진정한 관계라면 비록 소수만 알고 있더라도 그 넝쿨이 몇십 배로 늘어나고 확장되는 힘이 있다.

멘토를 두고 조언을 구하라

앞이 막막하고 길이 안 보일 때 등대 같은 역할을 해주는 것이 멘토이다. 푸르덴셜생명 손병옥 회장도 사부처럼 모시는 멘토가 있었다. 지금은 은퇴한 제임스 스패크맨James Spackman 회장이다. "지금 생각해도 그분께 참 많이 배웠어요." 스패크맨 회장은 입사 첫해 연말 인사평가에서 '당신을 채용한 것이 옳은 판단이었음을 입증해주셔서 고맙습니다Thank you. You proved I was right.'라고 썼다. 상사가 '나를 이렇게 인정을 해주는구나.' 생각하니 너무 감사했다. 당연히 더 열심히 할 수밖에 없었다. "제가 운이 좋은 가봐요."라고 이야기하면 스패크맨 회장은 "당신 운을 만든 것은 결국 당신입니다You make your own luck."라고 말했다.

인천대 조동성 총장은 유순신 대표의 오래된 멘토이다. 유 대표는 일에 회의가 들 때마다 멘토를 찾아갔다. 함께 모여 일을 하다 보면 갈등과 알력은 종종 일어나는 다반사이다. 그럴 때마다 이렇게까지 하면서 이 일을 해야 하는지 회의가 들었다. 그만두고 싶을 때가 한두 번이 아니었다. 어느 날 그만두고 싶다고 이야기를 했더니 조 총장께서 조언해준다. 미국 몬데일 대통령 후보의 파트너였던 최초의 여성 부통령 후보 제럴딘 페라로 이야기를 해주었다.

"페라로를 봐라."

1985년 제럴딘 페라로가 민주당 첫 여성 부통령 후보가 된 날.

사회의 반향은 엄청나게 컸다. 그날 그녀는 이렇게 연설을 했다.

"이탈리아 이민자의 딸이 아버지가 사랑하는 새 땅에서 부통령 후보로 선택됐습니다. 미국은 우리 모두에게 꿈이 실현될 수 있는 땅이라는 것을 입증하기 위해 난 지금 여러분 앞에 섰습니다. 우리가 열지 못할 문은 이제 없습니다. 우리 실현의 한계도 없을 겁니다. '우리'가 부통령 후보가 될 수 있다면 '우린' 무엇이든 할 수 있습니다."

여기서 '우리'는 여성을 뜻할 것이다. 그러나 민주당은 그해 대선에서 참패했고 선거 패배 후 페라로는 연방 상원의원에 두 번 도전했으나 실패했다. 하지만 그녀는 미국 여성 정치인의 선두주자였다. "한 여성이 출마할 때마다 모든 여성이 승리하는 것이다. 출마하지 않으면 승리할 수 없다"는 멋진 말을 남겼다. 조 총장은 이런 말도 해주었다.

"여기까지 고생해서 왔는데 이걸 넘어야 또 하나의 고비를 넘는 거다. 작은 좌절은 계속 있다. 고난을 넘으면 더 높은 산이 기다리고 있다. 좌절이라 생각하지 않고 하나의 시험대라고 생각하라. 다가오는 고난을 일하는 과정의 일부라고 생각해라."

지금 생각해도 참 고마운 멘토였다.

폭풍우를 넘기면서 여기까지 왔는데 어떻게 그만두나. 아깝고 억울해서라도 도저히 그만둘 수는 없었다. 시간은 어찌 됐든 흘렀다. '이 또한 지나가리라'는 말을 명심하며 버텼다. 그런 멘토가 있는 사람은 성장을 멈추지 않는다.

내가 사무관 때의 일이다. 나는 교육행정사무관으로 경기도 교육청으로 발령을 받았다. 1994년에 국비로 미국유학을 갔다가 돌아오니 후배들이 벌써 본부에 근무하고 있었다. 학연과 지연이 없는 내가 본부로 뚫고 들어가는 것은 불가능해 보였다. 거대조직에서 나의 미래가 전혀 보이지 않았다. 선배들도 여기서 고생하지 말고 부처를 떠나라고 조언해주었다. 선배들이 도와줄 생각보다는 떠나라는 말을 할 때는 섭섭하기도 했다. 하지만 현실을 빨리 받아들였다. '떠나자.' 고심 끝에 부처를 옮겼다. 당장 지금의 어려움이 미래를 위한 투자일 때는 견디겠지만, 지금 하는 일이 진짜 가치 있는 일일 때는 버티겠지만, 당시의 상황은 둘 중의 어느하나도 아니었다. 나로서는 직장에서 부딪힌 첫 번째 어려움을 부처이동이라는 변화의 카드로 쓴 셈이다. 힐러리 클린턴도 이렇게 이야기했다.

"늘 높은 목표를 가지고 열심히 일하고 당신이 믿는 바를 깊이 아껴라. 그리고 발을 헛디뎠을 때는 믿음을 지켜라. 쓰러졌을 때는 곧바로 일어서라. 당신이 계속할 수 없다고 하거나 계속해선 안 된다고 말하는 사람의 말은 절대 듣지 마라."

권숙교 고문은 하는 일이 잘되지 않거나 문제에 부딪히면 멘토를 찾아간다. 20년 이상 멘토로 모시는 선배가 있다. 인생의 선배로서, 사회생활의 선배로서 멘토에게 참으로 많은 것을 배운다. 오늘날 그녀가 여기까지 온 것도 멘토와의 끊임없는 상담과 격려 덕택이라 해도 과언이 아니다. 내가 해온 사회 경험이나 타인의 경우를 봐도 갑자기 어려움에 빠지면 시각이 좁아지고 당황하게 돼 판단을 그르치는 경우가 많다.

하지만 평소 진정성이 있는 멘토를 만들어놓으면 그럴 때 허물없는 점검이라는 선물을 받게 된다. 진정성이 깃든 점검과 허물없는 조언을 해주는 사람이 있다는 것은 사회생활에서 정말 큰 행운이다. 멘토는 멀리 있는 위대한 사람이 아니다. 가까운 주변에서 허심탄회하게 조언을 요청할 수 있고 해주는 사람이 멘토이다. 진정 성공하고 싶다면 어려울 때 찾아가서 조언을 구할 수 있는 멘토를 만들어야 한다.

일을 하다 보면 슬럼프에 빠질 때도 있다. 슬럼프란 정체되는 느낌, 앞길이 안 보이는 느낌이다. 그때는 일상의 변화를 꿈꾸어보자. 대부분의 성공한 여성 리더들은 그럴 때 변화를 택했다. 여행을 가든지 독서를 깊이 하든지 대학원에 진학해 새로운 환경을 만들어보든지. 호흡을 한 번 길게 쉬고 쉼을 가졌다. 그리고 누군가에게 도움을 받았다. 슬럼프가 올 때 벽을 쌓고 스스로 가두는 일만큼 어리석은 일도 없다.

대부분의 여성 리더들은 슬럼프를 인식할 겨를도 없이 숨 가쁘게 뛰어왔다. 슬럼프를 어떻게 극복했느냐고 물으면 선뜻 대답을 못하지만 승진에서 탈락했을 때 어떻게 극복했느냐고 하면 쉽게 대답을 한다. 거의 똑같은 대답이다.

"일을 더 열심히 했어요." 아니면 "대학원에 갔어요." 또 아니면 "여행을 다녀왔어요."

권숙교 고문은 말한다. "일보다 힘든 게 인간관계였어요." 권 고문에게도 그런 경험이 있었기 때문이다. 2007년 우리금융 상무 시절 행장이 새로 왔을 때 업무적으로 부딪쳤다. 행장과 원칙이 달라 큰 딜레마에 빠졌다. '회사를 그만둬야 하나?' 아니면 '내 원칙대로 밀고 나가야 하나?' 그녀는 보직 변경과 같은 불이익도 불사하면서 원칙대로 처리하는 쪽을 택했다. 배수진을 친 것이다. 그때 내린 결론은 스스로 다독이며 '내 믿음 대로, 내 스타일 대로 하자.'라고 생각했고 소신을 지켜갔다.

그렇게 열정적이고 에너지가 넘치는 유순신 대표도 아기를 낳고 키울 때는 너무 힘들어 그만두고 싶을 때가 한두 번이 아니었다고 한다. 육아 때문에 좌절도 많이 했다. '애가 잘못되면 어쩌나?' 정말 너무 힘들어 매일 우울하게 회사에 다녔다. "아이 키울 때 정말 힘들었어요."

그런데 "멘토링을 받으면서 생각이 긍정적으로 바뀌게 됐어요." 엄마가 죄의식을 갖는 순간 애들은 그걸 알아채요. 애들한테도 안 좋더라고요. 멘토들도 말했다. "당당해져라. 그리고 견뎌내라." 돌이켜보면 나도 어린 나이에 공무원 생활을 시작해 고비마다 힘든 일도 많았지만 나를 지지해주고 도와주는 분들의 조언과 격려 덕분으로 간신히 버텨왔던 것 같다. 지금처럼 멘토라는 말이 등장하지 않았던 시절에도 많은 분과 소통했고 관계를 형성했다. 퇴직한 후에도 내 주변에는 학계, 재계, 법조계, 언론계, NGO 등 다양한 분야에서 조언을 해주는 분들이 많다. 정말 감사한 일이다.

힘을 합치면 천하무적이다

1998년 미국의 여성학자 바바라 워커가 『흑설공주 이야기』를 썼다. 원래 백설공주의 계모는 질투의 화신이다. 하지만 바바라 워커는 '흑설공주와 계모가 힘을 합해 흑설공주를 괴롭히는 적을 함께 물리친다'로 스토리를 바꾸었다. 작가의 의도는 '계모가 다 나쁜 것은 아니고 좋을 수도 있다는 것'을 보여주기 위함이라고 밝혔다. 하지만 나는 서로 돕는 관점에서 해석했다. 백설공주를 괴롭히는 새엄마는 죽음을 당하지만 흑설공주를 도와주는 새엄마는 평화와 부귀를 얻어 오랫동안 행복하게 살았다. 흑설공주와 계모는 윈-윈을 택한 것이다.

셰릴 샌드버그도 저서 『린 인』에서 미국 전 국무장관인 울브라이트가 한 말을 인용했다. "여성을 돕지 않는 여성은 지옥에서도 별도의 특별한 자리가 예정돼 있다." 섬뜩하다. 얼마나 큰 죄이면 지옥에서도 특별한 자리가 예정되어 있다고 할까? 아마도 소수인 여성이 같은 여성을 배려 안 하는 것은 문제라는 뜻일 것이다.

다음은 케티 케이와 클레어 시프만이 공동으로 낸 책『나는 오늘부터 나를 믿기로 했다』에서 소개한 크리스틴 라가르드 총재의 이야기이다. 라가르드 총재는 "여성들을 높은 자리로 승진시키고 싶었지만 자격을 갖춘 여성을 찾을 수 없었다."라는 남성들의 말을 귀에 못이 박이도록 들어왔다. 그래서 그녀는 명단을 직접 만들어서 그 명단을 지갑 속에 넣고 다닌다. 그러다가 고위직에 앉힐 만한 여성 후보를 찾을 수 없다고 말하는 남성을 만나는 순간 바로 그 명단을 꺼낸다고 했다.

세계 경제의 선봉에 서 있는 IMF 총재. 본인 업무도 바쁘고 매일이 치열할 텐데 후배를 키우고자 하는 나눔과 배려의 정신이 돋보이는 진정한 리더. 바로 그녀이다.

여성이 여성을 도와라

'네트워크' 하면 남자들 모임에만 가입하면 된다고 생각할 수도 있다. 물론 그런 모임에서도 배울 것이 많다. 하지만 여성들의 네트워크를 통해 정보를 공유하고 배우는 것도 중요하다. 여성들의 사회 진출이 늘면서 2000년대 이후 전문직 여성들의 모임이 증가하기 시작했다. 다들 남성들의 세계에서 살아남은 여성들이라 초기에는 여성들끼리 모이는 것도 낯설었고 별로 도움이 되지 않을 거로 생각했다.

하지만 이런 생각은 금방 바뀐다. 여성네트워크는 기존 여성단체는 물론이고 여성관리자네트워크WIN, 여기자협회, 여성변호사회, 여성경제인협회, 여성벤처협회, IT여성협회, 여성과학기술인총연합회, 여성공학기술인협회, 여성세무사회, 여성변리사회, 여의사회 등 계속 영역이 넓어지고 있다. 가장 최근에 생긴 여성네트워크로는 세계여성이사협회WCD 한국지부를 들 수 있다.

세계여성이사협회는 전 세계 70여 개 지부의 9,500개 기업에서 이사로 활동하는 3,500명 회원으로 구성된 글로벌 조직이다. 한국이 74번째 지부로 참여하게 된 것이다. 한경희 대표, 프루덴셜생명 손병옥 회장이 공동대표를 맡았다.

3년 전 한경희 대표는 재단 본부로부터 한국에 지부를 설립할 것을 권유받았다. 한국의 경제 규모는 전 세계적으로 10위권으로 OECD 국가 중에서도 상위권이다. 외국에서 볼 때도 한국의 국제적 위상이나 경제규모 수준으로 볼 때 한국지부가 여태껏 만들어지지 않는 것이 이상했나 보다. 앞으로 세계여성이사협회 한국지부는 이사회 임원이 되기 위한 교육 및 여성 인재들의 DB 운영과 기업 경영 관련 다양한 경험 및 아이디어 공유를 위한 네트워킹을 할 예정이다. 2016년 7월 한국지부 창립을 위해 모인 여성 경영인들은 입을 모아 말한다.

"그동안 우리가 겪은 어려움을 후배들에게 대물림해서는 안 돼요." "사회에서 더 큰 역할을 할 수 있도록 후배 여성 경영인들을 적극적으로 도와주어야 해요." "선배가 후배를 키우는 것은 의무예요." 봇물처럼 의견이 쏟아졌다. 누가 시킨 것도 아니고 본인들도 기업 경영에 바쁘고 힘들 텐데. 그녀들의 헌신과 열정에 감탄했다.

참석한 한 CEO가 말한다. "요즘은 이사회의 여성 비율 30% 확보가 중요하다는 것을 절절히 실감하고 있어요. 여성 임원이 워낙 적다 보니 대부분 그 여성의 존재를 상징성으로 인식하는 경향이 있어요. 그런데 여성 리더들이 조금씩 늘어나면서 상징성이 아닌 '성과를 내는 사람'으로서 보게 되는 것 같아요." 오랫동안 일선 현장에서 성과를 입증하며 CEO 자리에까지 오른 그녀의 말이기에 더 와닿는다. 여성 인재 간의 네트워킹은 참여한 여성들 모두에게 힘과 용기 그리고 실행 가능한 조언을 준다. 네트워킹이 필요한 이유가 여기에 있다.

지금은 완전히 자리를 잡은 여성관리자네트워크WIN도 처음에는 조그맣게 시작됐다. 지금으로부터 10년 전인 2007년 12월 여성 임원 여럿이 모였다. 곧 총회를 열고 외부인사를 초청해 강연을 듣고 멘토링을 하고 차세대 콘퍼런스까지 발족했다. 그때 멘토링을 받던 직원들이 몇 년 후에 관리자로 승진했고, 대학교에 가서 학생들에게 멘토링 코치를 했다. 멘토링의 선순환구조를 만든 셈이다. 선배들은 입을 모아 말한다.

"후배들이 쭉 쭉 성장하는 모습을 보면 정말 보람이 느껴져요."

여기자협회는 1961년 4월에 '여기자클럽'으로 출범했는데 2004년에 사단법인으로 재출범했다. 25개 언론사가 회원사로 등록돼 있고, 회원사 소속 여기자 1,100여 명이 회원으로 가입해 있다. '기자가 되는 길' 워크숍도 20년 넘게 개최해 오고 있다. 지금은 채경옥 매일경제신문 논설위원이 회장을 맡고 있다. 여성이 여성을 진정으로 도울 때 여성에 대한 편견과 유리천장은 더 쉽게 깨질 것이다. 나는 확실히 알고 있다. 유리천장은 혼자 힘으로 깰 때는 시간도 오래 걸리고 어렵지만 함께 깨뜨릴 때 속도도 나고 깨지기도 쉽다는 것을.

사다리를 차버리지 마라

몇 년 전 어느 날 남편이 싱글벙글하며 퇴근했다. "학교에 무슨 좋은 일 있었어요?" 했더니 남편이 재직 중인 학과에 처음으로 여성 교수를 신임교수로 채용하기로 했다는 것이다. 학과 창설 40년 만이다. 그 학과는 과거에는 여학생이 드물었으나 최근에 많이 늘어나 지금은 정원의 약 40%나 된다. 지금까지 교수는 모두 남자였는데 이번에 처음으로 여성 교수를 뽑았다고 자랑하는 남편의 표정은 의기양양하다.

그동안은 박사학위를 받은 여성들의 수가 절대적으로 적었기 때문에 뽑기가 쉽지 않았다. 물론 여성 지원자가 있었지만 아직 남성 중심인 대학 사회에 여성 교수에 대한 편견은 남아 있는 것으로 보였다. 대체로 여성들이 개인적이고 조직생활을 잘 못한다는 부정적 편견이다. 그러니 같은 조건이면 남성을 뽑자는 주장에 힘이 실릴 수밖에 없다.

전체 여성 교수 비율은 2005년에는 16.1%였는데 2013년에는 20.8%로 서서히 늘고 있다. 그러나 아직 여성 교수가 한 명도 없는 학과들이 수두룩하다. 여성 교수를 선발했던 학과의 교수들 이야기를 들어보면 견해가 양분된다. 대체적으로는 여성 교수가 임용되면서 학과 분위기가 전보다 훨씬 더 좋아졌다는 평이다. 특히 여학생들이 터놓고 학업이나 인생에 대한 고민을 상담할 수 있어서 긍정적인 효과가 크다는 것이다. 하지만 다른 한편에서는 여성 교수가 학교에 잘 나오지도 않고 힘든 보직은 안 맡으려고 한다는 등 볼멘소리가 있는 것도 사실이다. 그래도 남성들은 숫자가 많으니 이런저런 경우들이 눈에 안 띄고 묻혀갈 수 있는데 여성은 소수이다 보니 조금만 문제가 있어도 여러 사람의 주목을 받게 되고 인구에 회자되기가 쉽다.

이 이야기를 다른 모임에 가서 했더니 다양한 이야기가 봇물처럼 터졌다. 평소 대학에서 여성 교수를 많이 뽑아야 한다고 강력하게 주장하던 여성 교수가 있었다. 그런데 막상 그 과에서 여성 교수를 선발하려고 했더니 "우리 과는 나 하나면 충분해요."라고 하면서

182

추가로 뽑는 것을 반대했다고 한다. 여왕벌 심리일까? 이런 모습은 여왕벌이 사다리를 차버리는 것과 똑같다. 자기만 사다리를 올라가고 후배들은 못 올라오게 사다리를 없애버리는 것이다.

여성에 대한 편견이 아직 남아 있는 상황에서 사다리를 먼저 올라간 분이 사다리를 차기까지 하면 여성들 자신은 계속 소수자에 머무를 수밖에 없다. 오히려 그 사다리 외에 또다른 사다리까지 여러 개 놓아주어야 후배들이 성장할 수가 있다. 실제 그런 사례도 있다. 이영애 변호사(전 18대 국회의원)는 법조계 후배들을 이회창 총재에게 직접 추천하여 정계에 입문하게 했다. 그분이 괜히 법조계의 맏언니라고 하는 것이 아니었다. 이회창 총재는 초임 판사 시절 부장판사로 모시고 일한 상사였다.

사실 여성이 여성을 추천하기는 쉽지가 않다. 일단 추천할 힘이 있어야 하는데 그런 힘이 있는 위치에 가기가 쉽지가 않다. 또 설혹 그런 위치에 있더라도 후배들을 추천할 정도로 넉넉한 선배가 되는 것도 어려운 일이다. 이름을 다 밝힐 수는 없지만 그녀는 힘이 닿는 한 여성후배들을 요소요소 추천했다. 김영혜 국가인권위원회 인권위원도 옆에서 한마디 보탠다. "여성법조인들이 다 이 의원님 우산 아래 있었다 해도 과언이 아니에요." 먼저 사회에 진출한 여성들이 "나 혼자면 족해요."라고 주장해서는 결코 여성의 대표성 제고를 위한 티핑 포인트는 오지 않을 것이다.

"후배를 돕는 것은 선배의 특권이자 의무예요."라고 말하는 이영애 변호사의 말이 귀에 생생하다.

:: 어떻게 소통할 것인가

대부분의 사람들은 여성들이 소통에 능할 거라고 생각한다. 신체적 논거로는 여성들이 우뇌가 발달했고 사회적 논거로는 그렇게 양육됐기 때문이라고 한다. 정말 그럴까?

어느 날 타 부처 여성이 전화했다. 지금이 인사 시즌이라 승진심사가 있을 예정이라고 한다. 그런데 자기가 여성이라고 승진을 안 시켜준다는 것이다. 자기가 여성이라고 불이익을 당하고 있으니 도와달라는 부탁이었다. 지금이 어느 세상인데 여성이라고 대놓고 차별하다니…… 비분강개해 그 부처 아는 분께 슬쩍 물어보았다.

"그게 사실인가요?"

대답은 이랬다. "자주 싸워서 큰일이에요." 그분 얘기는 여성이라서 불이익을 받는 게 아니라 남자라도 그런 상황이라면 승진을 못 시켜준다는 것이다. 그래도 못 믿어서 다른 분께 확인을 했더니 똑같은 대답이다. 이럴 때는 아무리 도와주고 싶어도 못 도와준다. 그다음부터 그녀가 조언을 구하면 나는 이렇게 말했다. "우선 직원들과 소통을 하세요." "주변을 돌아보고, 같이 일하고 싶은 상사나 부하가 돼야 해요."

최인아 전 제일기획 부사장은 2014년 언론 인터뷰에서 이렇게 말했다. "만만한 사람이 되지 못한 것이 스스로에게 아쉬워요." 이렇게까지 자기를 객관적으로 판단하고 점검하기는 쉽지 않은 일이다. 그녀의 진솔한 메시지도 마음에 와 닿았다. 한 번 만나고 싶었다. 책방을 냈다는 이야기를 듣고 생면부지인 그녀를 만나러 갔다. 최인아 책방은 선릉역에 있었다. 마침 그녀가 책방에 있어서 운 좋게 만났다.

그녀의 책방은 일반 서점과 조금 달랐다. 모든 책을 다 파는 서점이 아니라 '생각의 힘'을 키우는 책을 모아서 판매도 하고 또 책을 읽을 수 있는 조용한 공간도 있고 커피를 마실 수 있는 카페도 있었다. 한마디로 그녀의 책방에 가면 좋은 책이 다 있다. 직장생활 초기에는 소통이 무엇인지 소통이 왜 중요한지 잘 모른다. 연륜이 쌓일수록 깨닫는다.

"이 책방도 얼마나 많은 사람이 도와주고 협력해서 만들었는지 몰라요."

책을 통해 생각하는 힘을 확산하고 소통의 무대를 열어가려는 그녀의 미래를 응원한다.

칼리 피오리나도 "CEO는 직원을 관리하는 사람이 아니라 활력을 불어넣는 사람"이라고 정의했다. 소통을 통하지 않고서는 활력은 불가능하니 탁월한 에너자이저도 기본은 소통에서 시작한다. 하지만 조직에서 조직진단을 하면 어떤 조직이든 제일 1순위로 나오는 문제점은 거의 '소통 부족'이다. 요즈음 여기저기서 번아웃되었다는 말을 많이 한다. 번아웃 증후군이란 신체적·정신적으로 탈진해 분노에 가득 차거나 무기력해지고 심하면 우울증까지 겪게 되는 심리 상태를 말한다.

마슬락 교수는 1970년대 처음으로 번아웃 증후군이란 증상을 발견해 연구하기 시작한 이 분야 전문가다. 그녀는 과로도 물론 번아웃을 유발하지만 번아웃은 신체보다 정신적인 측면이 강하다고 주장한다. 직장 내에서 다른 사람들과 어떻게 의사소통하고 어떤 관계를 맺는가 하는 것이 중요하기 때문이다. 나의 경험이나 주변을 봐도 공감이 가는 주장이다. 중요하다고 다들 말하지만 실천하기 어려운 것이 소통이다. 그게 왜 어려울까? 소통에 대한 착각들이 있기 때문이다. 내가 생각하는 소통에 대한 10가지 착각들은 다음과 같다.

말을 잘하면 소통을 잘할까

내가 아는 직원 중에 청산유수처럼 말을 잘하는 사람이 있다. 어쯤 저렇게 말을 잘할까? 듣고 있으면 감탄이 절로 나올 지경이다. 그런데 여기 함정이 있다. 말만 잘하고 실천을 안 하면 더 큰 일이다. 그런 경우에는 그 말에서 진정성을 느낄 수 없다. 말만 잘하면 소통도 잘한다고 생각하는 것은 큰 착각이다. 말을 잘하는 스킬이 중요한 것이 아니라 말의 내용이 중요하기 때문이다. 어눌하더라도 진심을 담은 한마디와 말을 했으면 반드시 실천을 하는 진정성이 힘을 발휘한다.

말을 많이 하면 더 잘 통할까

상사 중에 보고하러 가면 한 이야기 또 하고 또 하고, 무한 반복하는 상사가 있었다. 그분의 이야기를 듣다 보면 옛날 역사까지 들추어가며 한 이야기가 레코드처럼 반복된다. 그분은 그런 것이 직원들과 소통하는 법이라고 생각했을 것이다. 근데 그 이야기가 30분을 넘어가면 부하직원은 참을성이 없어지고 한 시간이 되면 인내의 한계에 도달한다.

남녀를 불문하고 이런 상사가 뜻밖에 많다. 나이가 들면 걱정이 많아지고 말이 많아지게 되니 나이가 들수록 조심해야 하는 병이다. 이런 상사는 소통은커녕 자격 미달이다. 내용이 없으니 빈 깡통이라는 이야기를 듣기 쉽다. 내가 말을 많이 하기보다는 다양한 생

각을 하는 사람들의 목소리에 귀를 기울일 줄 아는 진심 어린 태도
는 우리 모두 가져야 할 소양이다.

술과 밥을 많이 먹으면 소통일까

아직도 한국의 직장에서 남성들은 소통과 대화를 술자리에서 해
결한다. 내 주변에도 소통을 '밥'과 '술'로 동일시하는 분들이 많다.
실제 남자 상사들이 부임해오면 소통을 위해 앞으로 직원들과 회
식자리를 많이 만들겠다고 큰소리 뻥뻥 친다. 꼭 여성들 들으라고
하는 이야기 같다.

"제가 술로 다 내 편으로 만들어버릴게요."

술은 확실히 위력적이다. 우리나라 직장문화에서 술자리가 불편
한 여성들은 큰 핸디캡을 안고 달리기를 하는 육상 선수와도 같다.
하지만 세상이 바뀌고 있다. 회식을 강요하고 술자리에서 곤드레
만드레 취해 형님 동생 하며 끌어주는 사회는 건강하지 못한 사회
이다. 그런 모습들이 최근에 서서히 변하고 있다. 요즘 젊은 세대
들은 저녁에 술을 먹는 것보다 그 시간에 자기계발을 하고 건강 관
리하는 것을 좋아한다는 의식의 변화를 유념해야 할 것이다.

많은 사람이 '소통'이라고 하면 의사나 정보 전달을 떠올리는데 그것은 일방적인 것이다. 진정한 소통은 쌍방향이어야 한다. 감정이 서로간에 오가며 흘러야 한다. 감정이 흐르지 않으면 소통이 아니다. 소통은 정보 전달만 의미하는 것은 아니기 때문이다. 요즘 정보의 홍수 속에서 소통이 더 안 된다는 이야기가 많이 나온다. 그게 다 정보의 일방성 때문에 그럴 것이다.

요즘 소통의 수단을 보라. 옛날에는 상상도 못했던 페이스북, 카톡 등 새로운 플랫폼이 늘고 있다. 카톡 가입자가 지금 1,000만 명을 넘는다. 페북 친구가 5,000명이 넘어서 더는 친구 받기 어렵다고 올린 분도 보았다. 쌍방향이 안 된다면 정보수단의 홍수는 무용지물이거나 애물단지로 추락한다. 주말에 카톡 소리가 울리면 가슴이 두근두근한다는 이야기도 들었다. "주말이 주말이 아니고 휴식이 휴식이 아니에요." 오죽하면 모 의원이 주말 카톡 금지법을 발의했을까?

지난달에 모 기관에 강의를 갔을 때 한 번 물어보았다. "그 법에 찬성하나요?" 대부분이 찬성한다고 손을 들었다. 나도 그럴 줄 알았다. 현직에 있을 때 시도 때도 없이 카톡이 울려대는 소리 때문에 24시간 긴장하는 삶을 살아봤기 때문이다. 그런 것까지 법으로 규제하느냐는 논란은 있지만 그 법의 정신에 대해 찬성하는 사람들이 많다는 것을 상사들은 반드시 기억해야 할 것이다.

세게 나오면 될까

10년 전쯤 호랑이 같은 성정을 지닌 분이 계셨다. 어찌나 소리를 지르고 야단을 치는지 부하들이 무서워서 벌벌 떨었다. 그런데 이분이 하필이면 부처 간 회의를 조정하는 중요한 위치에 있다는 게 문제였다. 회의 때마다 어찌나 야단치고 소리 지르는지 공포 분위기 속에서 회의를 했다. 부처마다 다 의견이 있고 할 말이 많지만 그분은 들으려고 하지 않았다.

회의에 참석한 A의 이야기이다. 일 잘하고 매사가 분명한 A였지만 막무가내 호랑이 상사 앞에서는 똑같았다. 엄청나게 추궁당했고 야단도 많이 맞았다. 하도 떨려서 회의에 참석하지 못할 정도였다. 방법을 궁리한 끝에 우황청심환을 먹고 갔다. 그래도 진정이 안 됐다. 급기야는 일회용 복분자술을 먹고 갔다. 두 모금이나 들어 있을까? 한 손에 움켜지면 들어가는 조그만 병이다. 그 한 병을 먹고 가니 아무리 야단을 쳐도 끄떡도 안 했다. 그 와중에 할 말은 다했으니 효과는 있었다. 음주회의를 한 셈이다. 이야기를 들어보니 별별 일들이 다 일어난다.

호랑이는 아니지만 "어이구 얘기해봐야 소용없어요." 그런 상사도 많다. 하지만 이 정도가 되면 치명적이다. 워낙 고집이 세고 성격이 강해서 남의 말을 듣지 않는다. 본인의 생각이 법이고 철학이고 100% 옳아서 "시키는 대로 하지 무슨 말이 많아"가 돼버린다. 이런 스타일은 진짜 옛날 스타일이다. 이제는 고쳐야 할 잔상이다. 그런데 여성들이 남성적인 조직에서 크다 보면 그런 잔상에 빠지기가 쉽다는 게 문제이다. 드세고 공격적인 우먼 워리어(여전사)가 돼야만 할 것 같은 강박관념은 본인도 모르게 여성을 불통으로 만들어버린다.

직원들도 자기 잘못을 안다. 야단을 안 치는 게 더 잔인한 것일 수도 있다. 나도 많은 상사를 모셔봤고 나도 상사였지만 소리를 지르는 상사보다 덕으로 감싸 안는 리더가 더 무섭다. 리오올림픽에서 있었던 일이다. 카메룬과의 여자배구 시합에서 양효진 선수가 서브 범실 2개를 했다. 어차피 8강이 확정돼 크게 중요한 경기는 아니지만 서브 범실은 언제 나와도 황당한 범실일 것이다. 교체돼서 나오는데 감독이 아무 말 없이 손가락으로 숫자 2를 가리켰다. "그게 뭐야?" 하고 소리 지르는 것보다 무언의 메시지가 더 무섭고 섬뜩하다.

이제 세상이 바뀌고 있다. 소통하며 얼마든지 일을 잘할 수 있다. 유연함을 지니고 일을 하자. 그런 걸 요구하는 시대가 된 것이다. 새로운 시대의 리더는 이제 구성원을 윽박지르고 꼼짝 못하게 하는 사람이 아니다.

친화력이 소통일까

친화력이 있으면 소통이 된다고 착각하기 쉽다. 하지만 친화력은 소통의 필요조건일 수도 있지만 충분조건은 아니다. 잘못하면 빛 좋은 개살구가 되기 쉽다. 호들갑은 떨지만 소통이 안 되어 내실이 없으니 하는 말이다.

'친화력도 좋고 소통도 잘하는 여성' 하니까 생각나는 얼굴이 있다. 푸르덴셜생명 손병옥 회장이다. 최근에 그녀 회사를 방문한 적이 있었다. 나랑 같이 가는데도 복도에서 직원들과 마주치면 눈을 맞추고 다정한 한마디를 건넨다. 평소의 그녀와 직원들과의 관계가 눈에 보이는 듯했다. 아니다 다를까? 그녀는 이야기한다. "여태까지 직원들에게 한 번도 소리 지른 적이 없어요." "직원들은 야단치지 않아도 본인이 잘못하면 그 잘못을 알아요."

주변에서 본 상사 중에는 잘못하면 꼭 지적하는 분이 있었다. 근데 다 맞는 지적만 하시니 찍소리도 못했다. 그런데 딱 거기까지만 했어야 했다. 지적하고 나서 반드시 야단까지 치니 심장을 도려내고 거기에 소금까지 뿌리는 격이었다. 친화력도 없고 소통도 안 되는 경우가 아마도 이런 경우를 두고 하는 이야기일 것이다.

반말이 더 잘 통할까

가장 쉽게 하는 착각이다. 친밀감의 표시를 반말이라고 생각하는 사람이 많기 때문이다. 반말은 친밀감의 표시가 아니다. 그러나 고위직으로 올라갈수록 내가 하는 말들을 직원들이 좋아한다는 오류에 빠져서 고치기 어려운 고질병이 되곤 한다. 이 병의 치료제는 따끔한 지적밖에 없다. 이 병의 환자에는 남녀구분이 없다. 나는 사실 이런 상사는 모셔본 적이 없지만 동료 등 주변에 이런 유형이 많다.

몇 년 전 이런 일이 있었다. 반말을 카리스마의 원천이라고 생각하는 J는 시도 때도 없이 "너 이거 했어?" "너 담배 피울래?" 이런 말들을 서슴없이 했다. 아슬아슬했다. 드디어 올 것이 왔다. 노조위원장이 한마디 한 거다. "왜 우리에게 반말하십니까?" 그다음부터 그가 변했다. 따끔한 지적이 좋은 약이 된 셈이다. 반말을 카리스마라고 생각하는 잘못된 생각을 군이 여성들이 따라 할 필요는 없다.

복도 천사가 돼야 할까

내 직원들에게는 거칠게 대하면서 복도에서나 만나는 다른 기관 근무 직원들에게는 상냥한 사람이 있다. 이런 스타일을 '복도 천사'라고 부른다. 직원들은 이야기한다. "내부고객도 고객이거든요. 외부하고만 소통하지 말고 내부하고도 하세요." 대외적으로 이미지 관리만 하는 상사들 정말 밉상이다. 이런 유형에게는 이 말을 꼭 해주고 싶다.

"정말 현명한 사람은 나와 가장 가까운 사람에게 잘하는 사람이에요."

복도에서 마주친 그 사람들도 듣는 귀가 있다. 결국은 내부의 이야기가 흘러넘쳐 밖으로도 알려지게 마련이다.

일이 더 중요할까

성과에 목을 매 옆도 뒤도 안 돌아보고 일만 하는 경우가 많다. 주변에 똑똑한 후배가 있다. 기획력도 있고 아이디어도 많다. 그런데 관계를 맺는 것에 서툴렀다. 내외부와 소통하는 데 서툴러 불협화음을 일으키기 일쑤였다. 높은 자리로 올라갈수록 능력은 기본이다. 그리고 소통과 협력이 중요해진다.

소통과 협력을 못하는 관리자는 리더로 클 수가 없다. 그런 경우 사무실에서 일만 하면 얼마나 좋을까? 하지만 일은 보고서 작성만 하는 게 아니다. 관계 맺기도 다 포함된 것이다. 그녀는 말한다. "일만 했으면 좋겠어요." 안타깝다. 리더로 크기에는 2%가 부족한 거다. 동료와 부하직원들과 외부와의 소통을 강화하는 노력을 스스로

해야 할 텐데 괜히 내가 걱정된다.

퇴직하고 나서 이런 이야기를 하는 분들을 보았다. "후회돼요. 조금 소통하며 살 것을." "너무 일만 했어요." 성과에 목을 매다 보니 소통에 신경 쓸 겨를이 없었다. 소통은 일과 상관없는 것으로 생각했단다. 다 늦어서 깨달은 거다. 소통은 성과를 내기 위한 주요 수단임을.

소통은 윗사람만의 고민일까

또 소통에서 명심할 것이 있다.

'나는 어떤 부하인가'이다.

대다수의 직원들이 소통이 문제라고 적어내고 상사들의 소통 부족을 탓하지만 부하인 내가 '열린 자세를 갖추고 있나?'는 생각해보지 않는다. 나를 먼저 점검해야 한다. 특히 소통은 서로간에 흐르는 것이므로 나의 문이 닫히고서 상대방의 문이 닫힌 것을 탓하지 말아야 한다.

아마도 소통에서 최악의 경우는 불통, 빈 깡통, 복도천사……. 그 모든 것이 복합된 경우일 것이다. 상사나 부하나 모든 사람에게 다 나타날 수 있는 유형이다. 이런 상사나 동료를 만나면 여러분은 어떻게 하시겠는가? 정답은 없지만 그런 최악의 사람들이 경쟁에서 뒤처지도록 만드는 조직이 건강한 조직이다.

사례를 들여다보니 안 좋은 사례는 한도 끝도 없다. 소통에 관한 한 좋은 사례를 찾기가 어렵다. 이렇게 어려운 소통을 쉽게 생각해서는 안 된다. 소통의 의미는 무엇일까? 전문가들에게 물어보았다.

"소통의 의미를 설명해주세요."

전문가들이 말하는 소통은 한마디로 "마음을 움직이는 것"이다. 마음을 움직이려면 진정성이 전류처럼 흘러야 한다. 그러려면 먼저 상대를 인정하는 것이 중요하다. 인정하면 마음을 이해하게 되고 갈등할 이유가 없어지기 시작한다. '공감적 경청'이 그래서 나온 말이다. 상대의 입장을 이해하고 들으려고 하는 자세가 필요하다. 이견異見이 있을 때 윽박지르는 것이 아니라 설득과 대화를 통해 합의된 공동목표를 위한 올바른 방향을 제시한다면 성과가 2배 3배 늘어날 수 있다.

:: 어떻게 리드할 것인가

여성들이 상대에게 배려를 더 잘할 수 있다고 생각하는 것은 여성들이 '모성 DNA'를 가지고 있을 거라고 기대하기 때문이다. 그런데 생각보다 배려의 범위는 넓다. 단순히 직원들을 배려하는 것이 아니라 조직이나 사회를 배려해야 하는 경우도 있다. 배려라는 용어가 나올 때 나눔과 배려라는 말이 함께 사용되는 경우는 그것에 공통으로 흐르는 정신이 있기 때문이다.

성공하려면 베풀어라

나눔과 배려의 사례로 우리나라의 최초의 여기자인 최은희 기자를 들고 싶다. 모든 것이 척박하던 그 시절 그녀는 여성의 사회 진출을 이루어낸 당찬 여성이었다. 1924년 조선일보에 입사해 여성의식을 깨우는 기사와 글을 많이 썼다. 그리고 '나눔과 배려'를 몸으로 실천한 빛나는 삶'을 산 분이다. 거기까지가 끝이 아니다. 거기서 끝났더라면 이 글에 등장하지도 않을 것이다. 1984년 근검절약하며 평생 모은 돈 5,000만 원을 후배 여기자들을 위해 써달라며 기부했다. 그래서 '최은희여기자상'이 탄생한 것이다. 이 상은 여기자들에게는 가장 권위가 있는 상으로 알려졌다. 내가 공직을 시작한 1985년에 받은 첫 월급 사무관 1호봉이 30만 원이 채 안 됐다. 그러니 그 당시 5,000만 원이면 엄청나게 큰돈이었다. 그런 돈을 선뜻 내놓은 것이다. 후배 여기자들을 위한 나눔과 배려의 정신이 없다면 불가능한 일이다.

유순신 유앤파트너즈 대표가 프랑스에서 일할 때 일이다. 함께 일하던 프랑스 동료가 '북한 문제나 달동네의 빈곤층 이야기를 하면서 넌 어떻게 생각하니?'라고 자주 물었다고 한다. 사실 그때는 모두가 먹고살기에도 허덕이던 시절이었다. 그런 생각을 할 겨를이 없었다. "근데 선진국은 다른 것 같았어요." 단지 나라만 잘사는 것이 아니라 국민 의식이 앞서 있었다. 그때 리더의 자격요건으로 '나눔과 배려'에 대해서 배웠다. "성공하려면 주위에 좋은 사람들이 많아야 해요. 무작정 일만 하지 말고 지혜롭게 일을 하세요. 주위를 돌보며 어려운 사람에게도 베풀고 나누어야 해요." 그녀는 주변을 챙기는 사람이 되라고 충고한다.

"일할 기회가 있다는 걸 감사하게 생각하세요. 그리고 자기가 줄

198

수 있는 것이 무엇인지 생각하고 외부 봉사활동이나 가치 있는 일을 하세요. 의미 있는 일을 한다고 생각하면 시너지가 더 나는 법이에요." 지금도 유 대표는 주변에 어려운 사람이 행복해지면 같이 행복해짐을 느낀다.

배려는 또 소통이나 협력과도 연결이 된다. 배려가 이루어진다면 상대방과의 관계를 원만하게 유지할 수 있고 긍정적 영향을 끼치기 때문이다.

공기업에 근무하는 J는 회사 내에 존경하는 상사가 있다. 그 상사는 여성이다. 능력도 있고 열정도 넘치는데다가 후배들을 알뜰하게 챙겨준다. J는 하위직이라 교육을 갈 기회가 거의 없었다. 어느 날 용기를 내서 상사에게 말했다.

"부장님, 저 교육 한번 가고 싶어요. 재충전이 필요한 것 같아요." 속으로는 '쓸데없는 소리 하면 어쩌나.' 하고 걱정을 하면서 조심조심 이야기를 꺼냈다.

"그래요? 교육을 가고 싶어요? 좋아요. 내가 직접 이야기해줄게요." 하더니 인사과에 함께 가서 교육협조 요청을 했다. 그 상사 덕분에 업무에 지친 심신을 재충전하고 배움에 대한 욕구도 충족시키고 타부서 동료와 네트워킹할 기회를 갖게 됐다. 오래전 일이지만 아직도 J는 이 일을 잊지 못한다. 만일 그때 "바쁜데, 교육은 무슨 교육이야! 일이나 잘하세요." 했다면 상황은 정반대로 전개되었을 거다. 상사의 따뜻한 배려는 후배의 가슴을 적시게 마련이다.

"그 상사가 잘됐으면 좋겠어요. 모든 것을 갖춘 분이에요." 여자 상사가 여자 후배에게 존경받는 모습은 아름다웠다.

나눔과 배려에는 크고 작음이 없다

박찬희 전 스타벅스 실장은 지금도 친구처럼 자주 만나는 상사가 있다. 그녀 이름은 김봉영 부장. 둘은 그 당시 하얏트 호텔에 함께 근무하고 있었다. 김 부장은 미국에서 직장을 다니다가 한국에 왔다. 그녀와 함께 일한 날들을 잊지 못한다. 미국에서 직장을 다니다가 와서 그런지도 모르겠다.

"부장이 직접 부하직원들 커피를 타주었어요." "정말 충격이었어요."

박 실장은 신라호텔에서 근무하다가 직장을 옮긴 터라 벌써 여러 명의 상사를 경험했다. "그런 상사는 없었어요." 그때가 30년 전인 1985년이다. 내가 처음으로 공직에 입문한 해가 1985년이라 나에게도 1985년은 의미가 있는 해다. 그 당시는 사회 전체가 보수적이었고 지금처럼 유연하고 오픈돼 있지 않았다. 공직이나 대기업 같은 큰 조직은 아마도 더 했을 것이다.

여직원이 당연하게 커피를 타던 시절에 먼저 출근한 부장이 직접 커피를 타주며 "오늘 출근하느라 고생했어요." 하며 맞아주었다고 한다. 그렇게 잔정이 많으면 사람들은 오해하기에 십상이다. 일은 대충하겠지. 대답은 "노, 노. 일도 철저했어요. 꼼꼼하고 프로 정신이 대단했어요." 1998년에 김봉영 부장은 『호텔로 출근하는 여자』를 발간하기도 했다. 일에 대한 열정과 애정은 기본이었고 일을 즐기는 자세가 후배들의 모범이 됐다.

"이런 상사랑 일하면 목표가 120% 달성되는 걸 느껴요." 칼리 피오리나는 리더는 '활력을 불어넣는 사람'이라고 했다. 바로 이런 상사가 아닐까?

상사의 배려뿐만 아니라 부하직원의 배려를 아직도 잊지 못하는 경우도 있다. 정균화 복지신문 회장과 지금은 고인이 된 행복전도 사 최윤희 이야기이다. 몇십 년 전에 둘은 광고대행사에서 함께 근무했다. 정 회장은 여성들에 대해 이렇게 이야기를 했다.

"능력은 기본인데요. 여성들이 더 잘할 수 있는 영역이 있더라고 요."

아직도 잊지 못하는 부하직원의 따뜻함을 경험했기 때문이다. 지금은 고인이 된 행복전도사 최윤희와의 이야기이다. 그녀는 언론에서 보는 이미지 그대로 밝고 긍정적이었다. 그 당시 그녀는 아이들 육아 문제로 힘들어하고 있었다. 그래서 남들보다 조금 일찍 퇴근하도록 배려를 해주었다. 그랬더니 무척 감사해 했다. 그렇다고 일을 소홀히 한 것은 아니었다. 낮에 더 집중해서 하니 당일 처리하는 업무의 총량은 똑같았다.

그러던 어느 날이었다. 최윤희가 예쁘게 포장한 박스를 들고 오는 게 아닌가? "따님 갖다 주세요. 지금 펴보지 마시고요." 그것은 딸의 초경을 위한 책 선물이었다. 딸의 이야기를 어디서 들었다고 했다. 그때 초경을 맞이했던 사춘기 여학생은 그 선물을 아직도 잊지 못할 것이다. 정 회장은 몇십 년이 흘렀지만 아직도 그녀의 세심한 배려에 고마움을 느끼며 그녀의 갑작스러운 죽음을 안타까워하고 있다.

유순신 대표에게 물어봤다. 오랫동안 인재 시장에서 일한 그녀의 인재관이 궁금해졌다.

"리더의 중요한 자질은 뭐라고 생각하세요?"

"여성들이 일은 잘해요. 전문성도 있고 자기 분야의 실적도 많이 내고 그러는데 부족한 점은 아랫사람을 키우는 나눔과 배려의 리더십입니다." 잘나가는 여성 리더들을 보면서도 안타까운 점이 한둘이 아니란다. "본인이 너무 잘나가다 보니까 독야청청 스타일이 많아요. 다른 사람에게 그런 인기를 나누어주는 걸 싫어해요." 옆에 있던 P도 거든다. "여성들이 그동안 받은 주목을 나누려 하지 않아요. 이런 여자들 눈에는 남자들만 보이죠." "어느 정도 지위에 올라가면 주위 사람들을 도와줘야 해요." 여성들이 실력으로 어느 정도 수준에 올라가는 건 가능하지만 최고 탑 수준으로 올라가려면 실력만으로는 힘들기 때문이다. 그녀가 하는 말을 듣고 나니 내가 경험했던 독야청청형 리더들이 생각이 났다. 그런 분들에게는 라가르드 IMF 총재를 배우라고 말해주고 싶다.

높은 자리에 오를수록 나누고 베풀어야 한다

오래전 일이다. 상사가 직원들과 함께 점심을 먹으러 갔다. 이럴 때 누가 밥값을 낼까? 지금 같으면 더치페이도 한 방법일 것이다. 그런데 10년 전이다. 각자 돈을 내는 경우가 드물었던 시절이다. 대여섯 사람이 5,000원짜리 설렁탕을 먹었으니 3만 원 정도 나왔다. 직원들은 그날은 상사가 밥 먹으러 가자고 한 것이니 당연히 상사가 내는 줄 알았다.

그런데 상사는 자기가 먹은 밥값 5,000원만 내고 나가버리더란다. 당황한 것은 직원들이었다. 다들 지갑에서 5,000원을 꺼내느라 순간 수선스러워졌다. 그런데 이것으로 끝이 아니었다. 5,000원 밥값 이야기가 직장에 다 퍼진 것이다. 직원들 반응은 '너무 짜다' '남자 상사라면 그랬을까?'였다.

나중에 그 이야기를 들은 여성 상사의 반응도 재밌었다. '왜 내가 직원들 밥을 사줘야 하는데?'였다. 물론 맞는 말이긴 하다. 지금 생각해보면 그녀의 리더십은 시대를 앞서 간 것이다. 지금 기준으로 보면 자기가 먹은 밥은 자기가 내는 것이 당연하다. 그런데 조직에는 관행이란 게 있다. 이 일은 우리에게 두 가지 교훈을 준다.

하나는 외부에서 영입된 경우 정말 조심해야 하는 내부 관행과 정서이다. 그 관행이 사회적 기준에 물의를 불러일으키는 것이 아니라면 존중해야 한다. 둘째는 고위직으로 올라갈수록 베풀라는 '나눔'의 메시지이다.

1985년 전재희 전 복지부장관이 처음 우리 초임 사무관들을 만나서 한 이야기 중 아직도 기억에 남는 이야기가 있다. "부하직원들에게 많이 베풀어라. 특히 고생하는 하위직 분들께 잘해줘라." 전 장관이 사무관 때 일이다. 어느 날 일직당번이어서 일직을 했다. 혼자 밥을 먹기 그래서 마침 일하러 나온 하위직 직원이 있길래 점심을 사드렸다. 그 후 그분이 여기저기에 이야기를 해서 갑자기 '밥 잘사는 여자'가 됐다고 한다. 5,000원, 정말 큰돈도 아닌데 밥 한 그릇으로 자신의 이미지가 긍정적으로나 부정적으로나 바뀌게 되니 적은 돈도 잘 써야 한다는 교훈을 준다.

하지만 세상이 바뀌고 있다. 외국 직장에서는 상사와 직원이 점심을 먹으러 가도 특별한 회식이 아니면 더치페이를 하는 문화가 정착돼 있다고 한다. 그러니 우리도 앞으로 어떻게 변화할지는 모를 일이다.

:: 어떻게 균형을 유지할 것인가

적극적이고 활달한 직원이 있었다. 업무성과도 탁월했다. 거기까지는 좋았는데 '오버하는 것'이 문제였다. 반대로 소극적인 직원은 매사 자신감도 없고 성과도 없었다. 사람들이 이야기한다. "저 둘을 용광로에 넣고 녹여서 반으로 나누면 이상형이 나올 거야." 균형을 이야기하는 것이다. 그만큼 균형을 잡는 것은 중요하지만 현실에서는 참 쉽지 않다.

거기에다 여성은 '엄마'라는 직업을 하나 더 가진 셈이어서 균형을 잡기가 더 어려워진다. 균형이라는 것은 '한쪽으로 치우치지 말라'는 의미이기도 하지만 둘 중 하나도 놓칠 수 없다는 뜻이다. 한쪽으로 치우치지 않고 하나라도 놓치지 않도록 중심을 잡기 위해서 때로는 모퉁잇돌이 필요하다. 균형을 잡는다는 것은 여성에 국한된 문제는 아니다. 여성뿐만 아니라 남성에게도 꼭 필요한 공통의 과제이다.

내가 생각하는 균형은 일과 가정, 권한과 책임, 자신감과 겸손, 감성과 이성, 여성성과 남성성, 채찍과 당근, 외면과 내면, 예스와 노, 오프라인과 온라인, 테이크앤기브 총 10가지이다. 이 중 하나라도 놓칠 수 없으니 총 20가지가 필요한 셈이다.

일과 가정

최근 통계청에서 발표한 「통계로 보는 여성의 삶」에 의하면 2014년 13세 이상 여성들이 결혼에 대해 '해야 한다'고 생각하는 비율은 52.3%로 남자(61.5%)보다 9.2%포인트 낮았고 2008년 61.6%에비해 상당히 감소된 것으로 나타났다. 특히 미혼남성 51.8%가 결혼에 찬성하는 반면에 미혼여성은 38.7%에 불과해 남녀 간에 큰 차이를 보이고 있다. 이런 경향에 대해 성공했지만 싱글인 여성 인재들은 강조한다. "일과 결혼하지 마세요." 결혼하고 아이도 낳아 키워가면서 일하는 걸 권하고 싶다. 사랑도 결혼도 본인의 선택이지만 '균형을 가지라'는 중요하다.

그럼 일과 가정의 균형은 어떻게 해야 만들어질까? 사실 이 문제는 '해도 해도 끝도 없는 숙제'이다. 나에게 "살면서 제일 힘든 일이 무엇이었나요?"라고 물어본다면 1초도 망설임 없이 "육아예요."라고 말할 것이다. 야근과 회식문화가 발달한 한국의 직장에서 일과 가정을 병행하는 것은 정말 힘들다. 힘든 수준을 넘어서 고통스럽다. 그렇게 어려운 숙제를 워킹맘 혼자서 균형을 잡으면서 하라는 것은 가혹하기도 하고 실현 불가능하다. 가족, 직장, 사회가 모두 모퉁잇돌이 돼 힘을 합해도 어려운 일이기 때문이다.

기업 전략 전문가인 베인앤드컴퍼니 송지혜 파트너는 어떻게 일과 가정을 양립시켰을까? 컨설팅 회사는 입사가 어려운 만큼 업무 강도가 세기로 유명하다. 당연히 퇴근 시간도 늦다. 송 파트너는 지금 5세 아들을 키우는 워킹맘이다. 5년 전이다. 첫아기를 출산하고 병원에 입원해 있을 때 회사에서 전화가 왔다. 출산을 축하하는 전화인 줄 알았는데 뜻밖에도 승진을 알리는 전화였다.

"축하합니다. 상무로 승진했어요."

승진이란 두 글자는 언제 들어도 가슴 설레고 기쁜 일이지만 그때는 마냥 좋아할 수가 없었다. 베인앤드컴퍼니에서의 상무 승진은 앞으로 2년간은 죽어라고 일만 해야 하는 것을 의미하기 때문이다. 그런데 옆에는 눈도 뜨지 못한 핏덩어리가 누워 있었다. 극도의 불안감이 엄습했다. 정말 아이 키우는 일만큼 힘든 일이 또 있을까? 너무 힘들어서 울고 싶은 적이 한두 번이 아니었다. 육아를 위해 송 파트너는 세 가지 전략을 짰다. 기업 전략 분석 전문가답게 모든 것이 분석적이다.

첫째는 가능한 모든 자원을 동원mobilize하기.

"양가 부모님께 육아지원을 받을 수가 없는 형편이었어요."

육아를 도와줄 수 있는 모든 가능성을 다 동원하기로 했다. 일단 여동생이 사는 아파트로 이사했고 육아도우미는 물론이고 사촌오빠의 새언니 등 가능한 모든 친척의 도움을 받았다.

둘째는 장기적인 관점에서 지속성sustainability 유지하기.

"일에 매달린 이유를 합리화시키는 전략일지도 모르겠어요." 평생 일과 가정의 균형을 유지하는 지속성을 가지려면 파트너로 승진해야 했고 그러려면 일단 일에 매진해야 했다. 파트너로 승진하기 직전의 2년간은 정말 일만 했다. 대부분의 여성들이 주저앉을 때 그녀는 앞으로 달렸다.

"지금 생각해보니 후배들에게 좋은 모델은 아니었을 수도 있겠네요."

"일과 가정의 균형이 안 맞아도 너무 안 맞았지요."

셋째는 시간의 양quantity보다는 질quality로 승부하기.

"이 전략이 맞았는지는 모르겠어요." 워낙 시간이 없으니 아이와 보내는 시간의 양보다는 질을 올리면 될 거로 생각했는데 지내고 보니 아이에게는 질도 중요하지만 시간의 양도 중요한 것 같다는 것을 깨달은 거다. 육아는 공부가 아니다. 공부는 집중하면 질이 양을 커버할 수도 있지만 육아에서는 집중의 법칙이 100% 먹히지는 않는다.

직장인의 자리와 엄마의 자리를 다 가지고 가는 길은 외줄타기처럼 아슬아슬하고 힘들다. 그리고 이게 대한민국의 모든 워킹맘의 숙명이다. 그래서 세상이 나서야 한다. 일과 가정의 균형을 맞추기 위해서는 우리나라 기업들이 여성에 대한 배려를 비용이라고 생각하면 안 된다. 저출산을 해결하고 미래의 파국을 예방하기 위한 공동투자로 봐야 한다.

일과 가정의 균형을 지키기 위한 모퉁잇돌이 그 어느 균형보다도 많이 필요하다. 이게 평생에 걸쳐 진행되기 때문이다. 그 모퉁잇돌은 가정, 직장, 사회 모두가 돼야 한다.

권한과 책임

높은 자리로 갈수록 권한은 증가하게 마련이다. 권한이 증가한다는 것은 책임도 늘어나는 것을 의미한다. 권한만 갖고 책임은 안 지는 사람은 나쁜 사람이고 책임만 지고 권한을 행사 못 하는 사람은 바보이다. 그게 나의 정의이다. 그런데 문제는 현장에는 나쁜 리더십과 바보 리더십이 산재해 있다. 여성도 예외는 아니다. 나쁜 리더십과 바보 리더십에 빠지지 않고 균형을 잘 잡기 위해서는 끊임없이 자기를 확인하는 점검시간이 필요하다. '과하지도 말고 덜 하지도 말고'는 말이 쉽지 참으로 어려운 과제이다.

모 기관에 대외적으로 이미지도 좋고 능력도 갖추었다는 분이 새로 기관장으로 왔다. 직원들이 기대가 컸다. 하지만 한 달이 지나니 다 알아버렸다. 리더는 어려운 일이 생길 때 숨겨진 면모가 나타난다. 그녀는 어려운 일이 생기면 모든 책임을 아랫사람에게 돌리고 질책하기 바쁘다. 정작 자신은 아무 책임도 없다. 그야말로 나 따로 너 따로였다. 그녀는 하늘 위를 구름처럼 떠다녔다.

직원들은 그런 리더와 일하는 것은 불행이고 재앙이라고 생각했다. 당연히 직원들이 실망하고 지쳐갔다. 모두가 그녀가 빨리 떠나기를 바랄 뿐이었다. 누가 그녀를 따를 것인가? 책임은 직원들이 지고 자신은 선녀처럼 고고하고 백조처럼 우아하게 다닌다면 그런 리더십은 모래 위에 쌓은 성일 뿐이다. 책임을 지지 않은 리더는 신기루처럼 순간에 무너져 버린다. 그녀만 모르는 것이다. '모든 공은 나에게로, 모든 책임은 부하에게' 돌리는 경우가 가장 나쁜 리더의 모습이다. 직원들은 이럴 때 자신이 하찮은 도구가 되는 느낌을 받는다.

그런 여성만 있는 것은 아니다. 여성 중에 책임감 강한 직원들이 한둘이 아니다. 어느 회사의 이야기이다. 해산 달이 다가오는데 사무실에 현안이 생겼다. 여직원 L은 만삭의 몸으로 그 전날 밤늦게까지 일하고 그다음 날 아이를 낳았다. 얼마나 책임감이 강한지를 만천하에 보여주었다. 상사는 어서 집에 가라고 성화를 했지만 맡은 일을 다 마무리하고 가겠다는 L의 고집을 꺾을 수가 없었다. 우리는 그녀를 돌쇠라고 불렀다. 충직하고 책임감 강한 일꾼 돌쇠. 그러나 돌쇠가 나중에 이 도령이 됐을 때도 돌쇠 노릇을 하면 안

210

된다. 직급에 맞는 권한과 책임의 균형을 잡는 지혜도 필요하다. 그 역할에 맞는 권한과 책임을 적절하게 사용해야 할 것이다.

자신감과 겸손

애블린그룹의 설립자이며 코칭 전문가인 스콧 애블린은 저서 『무엇이 임원의 성패를 결정하는가』에서 다음과 같이 조언한다.

"우수함을 보여주려고 지나치게 나서면 상대방이 등을 돌릴 수 있다. 반대로 자신의 위치와 역할에 겁을 먹고 동료관계에 아무런 기여를 하지 않는다면 무시당할 수 있다. 임원이 됐다면 두 개의 암초 사이를 잘 비켜가야 한다."

정말 맞는 말이다. 지난주 S를 만났다. S는 그 조직에서 30년간 근무하며 여성으로서는 최고위직까지 오른 인재였다. 그러나 임원 임기가 3년이라서 자리에서 물러났다. 내가 보기에 그녀는 실력이면 실력, 인품이면 인품 모든 걸 갖추었다. 그 조직의 일인자가 돼도 손색이 없는 인물이었다. 내가 덕담을 했다. "다음에 기관장이 되세요." 당황한 그녀는 손사래를 친다. "제가 감히 어떻게요?"

그녀에게 딱 한 가지 부족한 것은 자신감이었다. 대부분의 여성들이 자신의 성과나 실적을 드러내지 않고 묵묵히 성실하게 업무에 매진하면 상사와 조직에서 저절로 알아준다고 생각하지만 꼭 그렇지가 않다. 조직 기여도나 역량 등을 '실제 성과를 실체만큼은' 보여줄 필요가 있다. 보통 여성들이 발탁되면 대부분 "운이 좋았던 것 같아요."라고 겸손해한다. 자기를 내세우고 자랑하는 일에 익숙지가 않기 때문이다. 겸손함도 중요하지만 문제는 자기 직급에 맞는 파워를 행사하고 상대로부터 그에 상응하는 반응을 받을 줄 아는 것도 능력이라는 점이다. 양날의 칼이다. 과하면 자뻑녀가 되고 부족하면 바보가 된다. 둘 사이의 적절한 균형이 필요하다. 여기에는 어떤 모퉁잇돌이 필요할까?

감성과 이성

2016년 미국 민주당 대선 후보인 힐러리 클린턴이 지난 9월 6일 CNN 인터뷰에서 본인이 냉정하고 차가운 사람처럼 보이는 이유에 대해 이렇게 설명했다. 대학교 4학년 때의 이야기이다. 예일대 로스쿨 진학을 위해 입학시험을 보러 갔다. 그 방에는 여학생이 딱 두 명 있었다. 갑자기 옆에 있는 남학생이 한마디 했다. "너는 이 방에 올 필요가 없어. 너는 할 수 있는 것이 많잖아. 내 자리를 빼앗으면 나는 군대에 가야 하고 거기서 난 죽을 수도 있어." 아마 베트남 전쟁 때문에 그랬던 것 같다.

그녀는 그때 아무런 반응도 하지 않았다. 시험 때문에 긴장해 있었고 시험을 망치기 싫었기 때문이다. 그녀는 예일대 로스쿨에 진학했다. 그 남학생의 표현대로라면 남학생의 자리 하나를 빼앗은 셈이다. 이후에도 학교나 사회생활에서 롤모델이 없어서 태도나 행동에서 다른 남자들과 같은 자연스러움을 유지하기가 어려웠다고 한다. 또 여성은 다른 렌즈로 관찰되고 있다는 걸 느꼈다. 그러다 보니 감정을 통제하는 법을 배우게 됐다고 회고했다.

보통 여성들의 문제점으로 감정통제가 잘 안 되는 점, 즉 감정이 너무 풍부하다는 점을 든다. 그래서 그런 이야기를 듣지 않으려고 더 감정통제를 위해 노력했고 그러다 보니 차갑게 보인다는 이야기를 많이 듣게 됐다는 것이다. 힐러리 클린턴의 르윈스키 스캔들 대처법도 한 예이다. 힐러리는 자서전『힐러리 로댐 클린턴 살아 있는 역사』에서 엘리너 루스벨트의 말을 인용하면서 이렇게 말했다.

"엘리너 루스벨트는 정계에 몸담은 여성은 누구나 '소가죽처럼 질긴 피부를 키워야 한다'고 말했어요."

엘리너의 그 말은 힐러리 클린턴에게 일종의 주문이 됐다. 르윈스키 스캔들이 언론에 보도된 후 전 세계의 관심이 그녀에게 집중됐다. 속으로는 너무 화가 나고 견딜 수 없었지만 버텼다.

"그동안 내 갑옷이 꽤 두꺼워진 게 분명해요. 그래도 많은 사람의 주목을 받는 상황에서 자아의식을 유지하는 것은 쉬운 일은 아니었어요."

힐러리 클린턴은 끊임없이 자신의 마음을 되돌아보며 진찰했다고 회고했다. 위기 속에 감성과 이성의 균형을 잃지 않으려고 노력한 힐러리의 고뇌가 엿보이는 대목이다.

여성성과 남성성

미국의 신경정신과 의사인 루안 브리젠딘은 2006년에 펴낸 저서 『여자의 뇌 여자의 발견』과 2010년에 펴낸 저서 『남자의 뇌 남자의 발견』에서 여자의 뇌와 남자의 뇌는 다르다고 주장했다. 먼저 『여자의 뇌 여자의 발견』에서 남녀 뇌의 구조적인 차이가 평범한 일상에서의 행동방식과 남녀 간의 차이를 빚어내는 근본적인 원인이라고 말한다. 여성은 우뇌가 발달해 관계 맺기에 능하고 남성은 좌뇌가 발달해 성과에 목을 맨다.

그는 여자의 뇌에는 남자의 뇌에 없는 고유한 능력이 있는데 언어를 순발력 있게 구사해내는 능력, 우정을 깊게 진지하게 유지하는 능력, 갈등과 분쟁을 조정하고 화해시키는 능력, 상대방의 감정을 읽는 직관이라고 했다. 또한 『남자의 뇌 남자의 발견』에서 남자의 뇌는 근육의 움직임과 공격성을 담당하는 중추가 커서 사회적 서열과 위계질서를 중요하게 생각한다고 주장했다.

사회학자들의 생각은 어떨까? 작가 존 그레이는 2004년에 발간한 베스트셀러 저서 『화성에서 온 남자 금성에서 온 여자』에서 화성인은 힘, 능력, 효율과 업적을 중시하며 금성인은 사랑, 대화, 아름다움, 관계에 높은 가치를 부여한다고 이야기하고 있다. 그래서 남자와 여자는 아예 다른 별에서 온 외계인 같기 때문에 이해를 위한 적극적인 노력이 필요하다는 것이다.

하지만 전혀 다른 주장도 있다. 역사학자인 히브리대 역사학과 유발 하라리 교수는 2015년에 펴낸 저서 『사피엔스』에서 남성성과 여성성의 차이는 생물학적으로 근거가 없다고 주장한다. 남성성과 여성성을 규정하는 것은 사회와 문화라는 것이다. 대부분 사회에서 남성성을 여성성보다 높이 평가하고 있지만 그 이유가 무엇인지 모른다. 수많은 이론이 있지만 그게 전부 설득력이 없다고 단정적으로 말하고 있다. 하지만 분명한 것은 '젠더의 역할이 커다란 혁명기를 겪고 있다는 사실'이라는 결론을 내리고 있다.

여성성과 남성성이 적절하게 균형을 이룬 여성을 꼽으라면 당연히 IMF 최초 여성 총재인 크리스틴 라가르드 총재가 생각이 난다. 강인한 카리스마를 뿜는 남성성과 중재능력을 통해 입증된 여성성이 조화를 잘 이루고 있음을 보여준다. 아버지는 어려서부터 라가르드에게 "남자들에게 지지 마라."라고 말씀하셨다. 능력과 카리스마를 겸비하고 있는 그녀를 보면 "못해요."는 그녀의 사전에 없을 것 같다. IMF 총재 경선에서 라가르드를 적극 지지한 팀 가이트너 미 재무부 장관은 "그녀는 탁월한 재능을 가지고 있고, 여성의 장점인 포용력과 중재능력은 프랑스 행정부의 큰 자산이다."라며 언론 인터뷰에서 공개적으로 칭찬을 아끼지 않았다.

남성성과 여성성. 둘 사이의 적절한 균형이 필요하다. 심리학자 산드라 벰Sandra Bem은 남성성과 여성성은 상반되거나 모순되는 것이 아니라 이 두 특성이 한 사람 안에서 얼마든지 공존할 수 있으며 남성성과 여성성을 모두 가진 양성성 사람이 성공할 확률이 높다고 말했다. 미래학자 다니엘 핑크도 저서『새로운 미래가 온다』에서 하이컨셉·하이터치 시대에서는 남녀 양성적 사고가 절실해진다고 강조했다. 이것도 고정관념을 깨고 균형을 가져야 다 가능한 일이다.

216

채찍과 당근

칼리 피오리나는 "CEO의 역할은 관리자가 아니라 조직에 활력을 넣어주는 사람"이라고 정의했다. 채찍질만 했다가는 조직이 공포 분위기에 빠져 우울증이 오기 쉽고 당근만 주었다가는 무사안일에 빠지기 쉽다. 조직을 위해서는 활력을 넣어주는 리더가 되어야 한다. 과거에는 남녀를 떠나서 리더는 채찍만 드는 시대였다고 해도 과언이 아니다. 나도 한때 정말 가혹한 리더를 만나 힘들어했던 적이 있었다.

어느 날 평소에 아끼는 사무관에게서 면담요청이 왔다. "시간 좀

내주세요. 드릴 말씀이 있어요." 젊은 사람들이 만나자고 하면 늘 기분이 좋다. 그런데 무슨 일일까? 궁금해졌다. 저녁 자리가 급히 만들어졌다. "너무 힘들어요." 알고 보니 직속 상사가 너무 심하게 험한 말을 해댄다. 어떤 때는 인격모독까지 느낄 정도이다. 조금 잘못하면 소리를 지르면서 야단을 친다. 탁자를 손으로 치기도 하고 보고서를 던지기도 하고. 그것도 매일같이.

오늘은 누가 당할까? 지금 누가 상사 방에 들어갔는지, 오늘은 누가 혼났는지가 부서원들의 초미의 관심사이다. '오늘 내가 희생자가 될 수 있다'고 생각하면 아침에 출근하기가 싫을 정도이다. 조직원을 가혹하게 다루어야 성과가 난다고 생각하는 유형이다. 그런 상사의 모습은 남녀에게 모두 나타날 수 있다.

물론 마냥 당근만 준다면 조직이 느슨해지기 쉽다. 10년 전 어느 날이었다. 기관장 S가 간부들에게 선언했다. "우리 조직에 메기 한 마리를 넣으려고 해요." 다들 무슨 말인가 했더니 외부에서 간부를 영입하겠다는 취지였다. "그 메기 한 마리가 내부의 활력을 불어넣고 경쟁을 촉진하는 역할을 할 거예요." "여러분은 싫으시겠지만 조직 발전을 위해서 그리 결정했으니 따라 주셨으면 좋겠습니다." 당연히 내부에서 큰 사람들은 갑자기 외부에서 고위직을 차고 내려오면 낙하산이라고 싫어하게 마련이다. 그러나 조직을 위해서는 그런 조치가 유익할 때도 있다.

결과는 어찌 됐을까? 그 메기 한 마리는 자기 역할에 충실했다.

채찍의 모습도 다양하다. 자기만의 색깔을 입힌 정책을 추진했고 처음 의도한 대로 조직 내 '활력과 경쟁'을 불러일으켰다. 내부자들은 외부 영입인사들이 '내부자들보다 다른 그 무엇'이 있기를 바란다. 그 무엇이 없을 때 그 인사는 실패작이 된다. 그런데 그녀는 그녀만의 색깔이 있었고 조직 내 채찍의 역할을 확실하게 했다. 나는 그때 당근과 채찍의 균형을 배웠다. 물론 요즘같이 IT 플랫폼이 주도하는 변화의 시기에는 당근과 채찍 같은 외부적 동기보다 내적 동기를 강화해야 한다는 주장도 나오고 있다. 그것도 균형의 문제로 봐야 할 것 같다.

218

외면과 내면

내면의 중요성은 아무리 강조해도 지나치지 않다. 하지만 외면도 중요하다고 강조하신 교수님이 계셨다. 그 교수님은 유난히 이 고사성어를 강조하셨다. 신언서판身言書判. 중국 당나라 때 관리를 등용하는 시험에서 인물평가의 기준으로 삼았던 몸(體貌), 말씨(言辭), 글씨(筆跡), 판단(文理)의 네 가지를 이르는 말이다. "사회에 나가봐라. 결국은 신언서판이다." 신身에 영향을 미치는 것 중의 하나가 옷이다. 내가 아는 모 기관장은 직원들에게 옷을 전문가답게 입으라고 강조했다. "회의에 참석할 때는 꼭 재킷을 입어라." 직원들

○ ○ 나는 죽을 때까지 성장하고 싶다

옷까지 잔소리하느냐 하겠지만 옷에서도 전문성을 표현해야 한다
는 취지일 것이다.

어렸을 때 아이들은 내가 직장에 간다고 정장을 차려입으면 낯
설어했다. 아이들 눈에는 엄마는 펑퍼짐하게 아무 옷이나 입고 있
었던 모습으로 각인돼 있었으니까. 그러나 외면이 이미지를 만들
어내는 결정적인 요인이다. 이제 패션은 여성들의 전유물이 아니
다. 당연히 옷에 신경 쓰는 남성들도 점점 늘고 있다. 멋진 넥타이
로 시선을 사로잡는 P, 코사지로 멋을 내는 S. 내가 그들에게 "남자
치고 멋쟁이세요." 했더니 '남자 치고'라는 말이 거슬린단다. 성별
고정관념을 나타내는 것이 아니냐고 한마디씩 한다. 맞는 지적이
라 나는 얼른 나의 표현을 바로잡았다. "그냥 멋쟁이예요." 성별 고
정관념은 여성에게만 존재하는 것이 아니라 남성에게도 존재함을
다시 한 번 깨달았다.

애플 창업자 '스티브 잡스' 하면 터틀넥과 청바지 입은 모습이
생각난다. 잡스는 나이 들었을 때 활동적이고 적극적인 청년 인상
을 줬다. 검정색만 입는 사람. 흰색을 좋아하는 사람. 옷으로 자신
의 내면을 표현하는 전문직 종사자들이 늘어가고 있다. 외면으로
자기를 표현하는 일도 중요하고 독서나 경험을 통해 내면을 성숙
하게 하는 일도 중요하다. 나이가 들수록, 중요한 일을 맡을수록,
외면과 내면의 적절한 균형이 중요해짐을 느낀다.

'예스'와 '노'

부하직원 중에 업무지시를 하면 무조건 "알겠습니다. 네, 네." 하는 직원들이 있는가 하면 "못하겠는데요. 내 업무가 아닌데요."를 습관처럼 하는 직원이 있다. 나는 어떤 부하였을까? 나는 상사가 불법적인 일이나 부당한 것을 시키지 않는다면 일단 따라야 한다고 생각했다. 하지만 지금같이 급변하는 세상에서는 상황에 따라서 "예스"도 할 수 있고 "노"도 할 수 있어야 한다. 내가 상사가 됐을 때 인상 깊었던 부하직원은 그냥 "네, 네." 하는 직원보다도 문제점을 사전에 분석해서 어떤 질문이 나와도 답변할 수 있는 직원, 자기 업무에 대해서만큼은 자기보다 더 잘 알 수 없다는 자부심으로 무장된 직원이 좋았다. 그런 바탕이 있어야 "예스"와 "노"를 적절하게 균형을 맞추는 지혜가 생긴다.

남성 리더들에게 어떤 직원을 선호하느냐고 물으면 뜻밖에 충성심을 꼽으며 여성들에게 부족한 것도 충성심이라고 지적하는 사람이 많다. 충성심 하면 떠오르는 것은 '무조건 예스맨 예스우먼'이다. 하지만 충성심은 상사에 대한 복종만을 의미하는 것은 아니다. 충성심은 조직을 위해 나를 조금은 버릴 줄 아는 태도와 자세도 포함된다. 준오헤어 강윤선 대표도 이런 이야기를 했다. "여성들이 일도 잘하고 다 좋은데 조직을 위해 나를 희생하는 모습이 많이 부족해요." 예스와 노의 균형에서 진정한 충성심을 보여주는 지혜로운 구성원이 돼야 할 것이다.

오프라인과 온라인

세상은 급변하고 있다. 옛날에는 상상도 못했던 일들이 척척 이루어지고 있다. '손 안의 컴퓨터'가 만든 혁명 덕분이다. 하지만 때에 따라서는 아날로그가 장점도 있다. 소통을 가지고 예를 들어 보자. 온라인의 소통은 페이스북과 블로그에서 많이 이루어진다. 페이스북 친구 최대치는 5,000명이다. 어떤 분이 친구가 5,000명이 다 차서 더 이상 못 받겠다고 미안하다는 글을 올렸다.

친구 5,000명을 오프라인에서 만들기는 어렵지만 온라인에서는 충분히 가능하다. 글 하나만 올려도 5,000명이 소식을 받으니 정말 편하고 효율적이다. 하지만 남에게 보여주는 소식들은 거의 행복하고 즐거운 일상이다. 매체의 특성상 밝고 좋은 모습만 올리기 때문이다. 그런데 그들이 정말 그렇게 행복하기만 할까? 일방적으로 타인의 밝은 모습만 보게 되니 나를 비교하게 되고 우울증에 빠지게 된다는 분도 있었다.

옛날 학교 다닐 때 알던 분이 있다. 실력이 없어서 그랬겠지만 그야말로 간신히 학교를 졸업했다. 그런데 지금 페이스북을 보니 뛰어난 성적으로 그 학교를 졸업한 것처럼 매일 같이 그 학교와 자기를 동일시하는 사진과 글들을 올린다. 아마도 내막을 모르는 사람들은 그녀의 화려한 포장에 다 속을 것 같다. 이런저런 이유로 난 온라인 소통을 별로 좋아하지 않는다. 패션 프로덕션을 하는 나의 사촌 동생은 "언니, 너무 구닥다리야. 온라인이 대세야 대세!"라고 조언한다. 어느날 갑자기 내가 바뀌어 온라인 소통을 대놓고 할지는 모르지만 아직은 온라인보다는 오프라인의 진솔함이 더 좋다. 하지만 IT가 사회변화를 주도하는 세상이니 오프라인과 온라인의 조화와 균형을 이루는 것이 필요하다.

기브 앤 테이크

'기브 앤 테이크'라는 단어를 들으면 모종의 '거래' 같은 느낌이 든다. 또 요즘 같이 도덕성이 중요한 가치로 떠오른 시대에는 무조건 '받으면 안 되는데……' 할지도 모른다. 그러나 주고받는 범위와 종류는 굉장히 넓고 다양하다. '지식, 도움, 관심, 사랑, 배려, 나눔' 등 셀 수 없다. 우리는 갓난아기로 태어나서 성인이 되기까지 그 성장 과정에서 이미 많은 것을 받았다. 부모로부터, 타인으로부터, 사회로부터. 와튼 스쿨의 애덤 그랜트 교수는 저서 『기브 앤 테이크』에서 테이커(받는 사람)보다 똑똑한 기버(주는 사람)가 성공할 확률이 더 높다고 주장했다. 주는 과정에서 타인과 상호작용이 일어나고 그 상호작용이 기버에게 유리한 영향을 준다는 것이다.

사회에 진출한 1세대 여성들은 소수이다 보니 그동안 관심과 주목을 많이 받았다. 내가 받은 관심과 주목을 후배들과 타인에게 나누어줄 줄도 알아야 한다. 애덤 그랜튼 교수는 기브 앤 테이크의 균형보다는 똑똑한 기버가 돼야 한다고 주장하지만 나는 우선 균형이라도 이루자고 말하고 싶다. 우리 모두가 주변의 도움을 받고 그 자리에 갔지만 금세 잊어버린다. 기브 앤 테이크의 균형을 이루는 것이 지혜로운 리더의 자세이다. 균형을 갖춘 여성들의 모습은 전염된다. 그 전염은 여성의 유리천장이 깨지는 티핑 포인트 모퉁잇돌이 될 것이다.

223

:: 어떻게 직장에서 현명하게 일할까

직장에서 상사만큼 좋은 이야깃거리는 없다. 직원들은 모이기만 하면 상사 이야기를 한다. 나도 부하직원일 때 예외가 아니었다. "우리 과장이 오늘 히스테리야. 우리 국장하고 과장이 사이가 안 좋은 것 같아." 어쩌고저쩌고. 정말 상사에 관한 이야기는 한도 끝도 없다. 심지어는 과장 인사배치를 보고 내가 어느 부서로 갈지를 지원하는 풍토도 생겼다. 과장의 업무 스타일이 실무자들에게 미치는 영향이 크기 때문이다.

부하로서 제대로 일하는가

그러면 거꾸로 생각해보자. 나는 상사들에게 어떤 부하일까? 우리가 한순간에 리더가 되는 것이 아니다. 수십 년의 부하생활을 거

처서 리더가 되는 것이다. 나도 사무관을 12년이나 했으니 실무자 생활을 오래 한 편이다. 지방자치단체는 다르겠지만 중앙부처에서는 사무관이 실무자이다.

처음에 모셨던 상사가 항상 강조한 말이 있다. "어차피 우리는 일하러 나왔으니 열심히 일해 월급 도둑이 되지는 말아야 합니다." 그분은 유난히 월급 도둑이라는 말을 즐겨 쓰셨지만 나는 "어차피 일하러 나왔으니"라는 말이 더 와 닿았다. 어차피 하는 일 즐겁게 열심히 하면 더 큰 성과가 나는 법이다. 그 상사도 월급 도둑이 안 되려고 일을 꽤나 열심히 한 분으로 기억된다.

직장 내에서 무능의 모습은 여러 가지 형태로 나타난다. 그런 직원들과 같이 일 안 하려고 우스꽝스러운 인사 관행까지 생기곤 한다. 일명 폭탄 돌리기와 패키지. 함께 일하고 싶어하지 않은 직원들을 이 과로 옮겼다가 저 과로 옮겼다가 하는 현상을 풍자해서 하는 이야기이다. 패키지는 우수 인재를 배치할 때 서로 안 받으려는 직원을 패키지로 엮어서 배치하는 관행을 일컫는 말이다. 무능에는 남녀가 없다. 무능은 철저하게 개인의 문제이다. 문제는 여성 수가 많아지다 보니 폭탄 돌리기와 끼워팔기에도 많이 포함되고 있다는 점이다.

여성이 소수일 때는 그들의 문제들이 두드러져 보이기도 한다. 그런데 문제는 거기에서 끝나는 것이 아니다. 그 폭탄이 자기가 폭탄인지도 모르고 자기가 끼워 팔기 대상인지도 모른다는 점이다.

왜 나를 승진 안 시켜주느냐고 상사에게 가서 울고불고하는 경우
도 보았다. 그럴 때는 나도 어이가 없다. 본인만 모르는 불편한 진
실이 여기저기 산재해 있다. 그래서 상사를 탓하기 전에 먼저 나를
점검해보라고 말하고 싶다. 첫 출근하는 딸에게도 강조한 말이다.
'나는 어떤 부하인가?' 끊임없이 나를 점검해야 한다.

의사결정 능력을 갖춰라

　어느 기관에서 있었던 일이다. 가혹한 상사에게 지쳐갈 무렵 기
관장이 바뀌었다. 새로 온 그녀는 항상 웃는 얼굴이었다. 그전의
상사가 하도 무서워서 조직이 얼어붙어 있던 차에 웃는 상사가 오
니 처음에는 좋았다. 그런데 업무파악이 안 됐다. 처음에는 업무를
파악한다고 주말에도 나오고 공휴일에도 나오고 열심히 공부하는
것까지는 좋았다. 3개월 지났으니 어느 정도 업무파악을 했겠지. 6
개월이 지났으니 업무 다 알겠지. 웬걸. 1년이 지나도 그분에게는
진전이 없다.

　업무를 잘 모르니 지시사항이 분명하지가 않았다. 의사결정 능
력이 떨어지는 걸까? 미래에 대한 불안 때문일까? 그분은 결정장
애라고 부르고 싶을 정도로 결정을 못 한다. 문제점 파악도, 구체
적인 해결방안도 다 밑에서 마련해야 한다. 방향도 안 정해주고 밑

에서 고민해 방안을 만들어오라는 것은 지나치다. 직원들의 걱정이 하나 더 있다. 나중에 결과가 안 좋게 나오면 그때 분명히 이럴 것 같다. "여러분들이 이 방안을 만들었잖아요. 책임지세요."

결정을 못 하는 걸까? 안 하는 걸까? 다행인지 나는 결정을 잘 안 해주는 상사를 만나본 적이 없어서 그 고충을 잘 모른다. 하지만 요즘 결정장애 상사 때문에 힘들다고 호소하는 사람이 생각보다 많다. 그게 현대인의 불안 증상인지도 모르겠다. 심지어 모 기관의 여성 상사는 결재를 1년 6개월 만에 해준 사례도 있다고 한다. 그게 최근 일이다. 규정개정안을 만들었는데 이리 검토하고 저리 검토하고 수십 번을 반복하다가 1년 6개월을 끌었다.

227

직원들은 이럴 때 죽을 만큼 힘들다. 문제없는 정책이 어디 있는가? 가장 문제가 없는 정책으로 선택하고 문제를 찾아 줄여나가는 게 정도正道인데 검토하느라 시간을 다 보낸다. 이런 쓸데없는 검토질을 우리는 삽질이라고 불렀다. 1년 6개월 만에 결재해준 그녀의 임기는 3년인데 임기의 반이 걸린 셈이다. 내용을 들어보니 별 중요한 규정도 아니었다. 왜 결정을 못 할까? 분석을 해보자.

아마 크게 세 가지 이유가 있을 것이다. 첫째, 경험이 없어서. 둘째, 완벽주의 본능 때문에. 셋째, 실패에 대한 불안과 책임감 때문에. 그 외에도 여러 이유가 있겠지만 나는 경험 부족이 가장 큰 이유라고 본다. 그 업무를 잘 알고 능통하다면 장단점을 다 알고 있기 때문에 결정이 쉽다. 문제는 그런 업무를 해본 적이 없는 사람이 업무를 맡다 보니 결정하기가 어려운 것이다.

일에 책임을 지자

어느 기관 간부회의에서 있었던 일이다. 기관장이 고위 관리자를 추궁했다. "왜 이렇게 했습니까?" 기관장은 가만히 있어도 그 존재만으로도 무섭다. 직원들의 인사권을 갖고 있기 때문이다. 그런데 추궁까지 하니 등뒤로 땀이 흐른다. 그는 이렇게 답변했다. "글쎄요. 제가 이렇게 하지 말라고 그랬는데요." 알고 보니 사실은 그 반대였다.

같이 다 논의하고 협력해 일했지만 기관장이 야단을 치니 고위 관리자가 부하직원 핑계를 대는 것이다. 그것도 다른 과장들이 다 보는 데서. 그 이후로 그 간부는 많은 장점이 있음에도 책임 회피의 전형으로 낙인이 찍혔다. 리더는 전쟁에 제일 먼저 나가야 하고 밥은 제일 나중에 먹어야 한다는 세간에서 회자되는 리더십 지침이 생각이 난다. 책임을 지고 일하는 자세는 남자와 여자의 문제가 아니다. 리더의 기본 의무이다.

바바라 캘러만이 『나쁜 리더십』이라는 책에서 나쁜 리더십의 7가지 유형에 대해서 이렇게 정리했다. 무능, 경직, 무절제, 무감각, 부패, 편협, 사악. 사악이 들어간 것이 재미있다. 리더가 잔악

한 행위로 추종자들에게 고통을 주는 것을 권력의 도구로 사용한다면 사악한 일이라는 것이다. 그녀의 주장에 나도 하나 더 보태고 싶다. 바로 '책임을 안 지는 것'이다. 이제 나쁜 리더십은 8가지 유형이 되는 건가?

사회 진출 1세대 여성들은 열정과 탁월한 성과로 유리천장을 뚫었다. 하지만 최근에는 일하는 여성들이 늘어나면서 다양한 스펙트럼의 여성들이 생기고 있다. 결정과 책임은 상관관계가 있어 눈에 보이게 마련이다. 리더라면 조직의 비전을 제시하면서 신속한 결정을 내리고 책임질 일이 있으면 스스로 책임져야 한다. 리더가 책임지는 모습을 보여야 인간적으로 신뢰할 만한 사람이 될 수 있고 부하직원에게 진정한 팔로우십이 생기는 법이다.

지난 20년간 리더십 강의를 하면서 수많은 여성 리더들을 만난 B는 연구기관에 근무하고 있다. B는 리더를 꿈꾸는 여성이라면 "자기를 수시로 점검하라." "베풀고 나누어라."라고 조언한다. 그녀가 만나본 리더들을 보면 "아, 저거 하나만 고치면 좋을 텐데. 에구, 안타깝다. 더 클 수 있는데." 하는 경우가 많았다는 것이다.

해결책은 두 가지이다. 본인이 점검해 스스로 고치든지, 아니면 충심 어린 조언을 해줄 지인을 곁에 두는 방법이다. 그러나 웬만큼 친해서는 바른소리를 해주기 쉽지 않다. 그래서 평소에 진정성 있는 관계를 형성해야 한다. 진정성을 갖은 관계에서 나오는 조언은 진실한 이야기임을 서로가 알기 때문이다. 일에 파묻히다 보면 본인도 현실을 직시하지 못하고 좋은 말만 하는 사람들 틈에 둘러싸여 실수를 범하기 쉽다. 남녀를 떠나 모두에게 해당하는 문제이다.

공을 독차지하지 마라

정말 조심해야 하는 경우가 자뻑 스타일이다. 자뻑은 여성들의 생존법이 습관화되면서 생긴 경우가 많다. 소수자는 자기의 실적이나 존재를 알리지 않으면 정말 어느 구석에 처박혀 있는지 눈에 띄지 않는다. '나 여기 있어요'를 알리는 자기홍보는 일종의 생존법이다. 그런 의미에서 '눈에 띄어라'는 조직 내에서 살아남는 전략일 수 있다. 하지만 이것이 과해지면 문제가 된다.

P는 정말 일을 억척스럽게 한다. P에게 일을 맡기면 윗사람들은 걱정할 필요가 없다. P가 어찌 됐든 알아서 해내기 때문이다. 오지랖도 넓어 자기 일은 물론이고 다른 사람이 도움을 요청하면 자기 일이 아무리 많아도 적극 나서서 도와준다. 그러니 본인은 항상 일 더미에 쌓여서 피곤하게 산다. 윗사람들은 그런 P를 믿고 다 좋아했다.

그런데 어느 날 P에 대해서 심상치 않은 분위기를 발견했다. 가장 큰 이유는 그녀는 "모든 일은 다 내가 했어요"라고 과시하는 자뻑녀였다. 일 잘하는 것이야 다 알지만 위로 올라갈수록 고개를 숙이고 겸손해야 한다. "내가 다 했어요."가 아니라 "우리가 같이 했어요"로 주어를 바꾸어야 한다.

또 이런 일도 많이 경험했다. 어느 행사든지 끝나고 나면 평가가 따르게 마련이다. 늘 문제가 되는 것은 의전이다. "누가 왔는데 앞자리가 아니라고 돌아갔대." "참석한다는 말이 없이 갑자기 오는 바람에 자리가 없어서 뒷자리에 모시니까 복도에서 목소리를 높였대." "자기소개 시간이 빠져서 화가 났대." 이런 말이 자주 나온다. 특히 몇몇 분은 의전 집착증이 있는 것으로 소문이 날 정도이다.

진정한 리더라면 의전에 집착할 필요는 없다. 의전보다 중요한 것은 알맹이다. 사람들이 이 모든 것을 다 보고 다 듣고 있는 것을 알아야 한다. 일도 잘하고 능력도 있는 그녀들이 과도한 의전 집착증과 자뻑 증상으로 인구에 회자되고 때로는 조롱 대상이 되는 것은 안타까운 일이다. 이런 건 누군가가 빨리 이야기해주면 좋겠다. "과도한 의전 집착증에서 벗어나세요." 자존감과 잘난 척. 자신감과 자뻑. 다 다른 이야기인데 이런 것 사이에서 균형을 잡기가 쉽지가 않다.

미국 로스쿨 1학년은 공부량이 많고 경쟁이 치열하기로 악명이 자자하다. 또 수업시간에도 전쟁의 연속이다. 교수가 아무나 호출하며 물어보고 토론하면서 학생의 실력을 평가한다. 이를 콜드콜cold call이라고 하는데 옆의 학생이 콜드콜을 받아 쩔쩔매면 그다음 순서는 나인 거 같아 수업시간에 공포 분위기가 흐른다. 그 와중에도 내용은 없으면서 눈에 띄기 위해 손을 드는 사람들이 있다. 수

231

업시간에 마구 떠들면서 잘난 척하는 그런 사람들을 거너gunner라고 부른다.

사회생활을 하면서 절대 하지 말아야 할 것이 거너이다. 로스쿨 수업시간은 시간이 가면 잊혀지고 다 지나가는 일이지만 사회생활에서의 거너는 오래도록 사람들 입에 오르내리고 잘못하면 지울 수 없는 낙인까지 찍히게 된다. 실제 로스쿨의 거너 중에 성적을 잘 받는 학생은 많지 않다고 한다. "내 공을 너무 내세우지 말자"고 조언하고 싶다. 위로 올라갈수록 겸손하게 행동하고 화법도 '내'가 아니라 '우리'로 바꾸자.

공사구별을 하자

공사구별을 이야기할 때 함께 쓰는 유사 용어들이 있다. 도덕성, 청렴, 공사구별 등. 이 단어들이 다 공통정신이 있어 비슷한 맥락에서 사용되고 있다. 그러면 여성들이 남성보다 청렴할까? 그런 맥락에서 여성들의 정치참여 필요성을 '여성들이 청렴하기 때문에'로 주장한 연구도 제법 있다. 지난달 모 기관에 강의를 하고 나서 질의응답 시간이 있었다. 여성의 청렴에 관한 이야기가 나왔다.

한 여직원이 말한다. 그 여성은 30년 이상 그 기관에 근무한 직원이었다. 여성들이 남성들보다 청렴하다고 평가받는 것은 여성이 그런 힘있는 지위에 없어 봤기 때문에, 또 여성들에게 아직 그들끼리의 은밀한 문화가 형성되지 않았기 때문이라고 말한다. 많은 사람이 공감했다. 최근에 여성의 진출이 활발해지면서 여성 리더들의 청렴하지 못한, 낮은 도덕성을 보이는 행태들이 언론에 많이 보도됐기 때문이다. 일일이 다 말하기도 어렵다.

최근 언론에 보도된 것들만 말하면 내부 직원들에게 강의하고 강사료 받은 경우, 자녀의 숙제를 산하기관 직원에게 시킨 경우, 친인척을 채용한 경우 등 정말 다양한 사례가 나온다. 내가 같이 일한 여성 리더들은 너무 청렴해서 결벽증상까지 있었다. 지금도 여성단체 활동가 중에 본인의 재능과 시간과 돈을 써가면서 여성들의 일이라면 발 벗고 나서는 분이 많다. 하지만 고위직 여성들이 조금씩 증가하다 보니 이런 여성 저런 여성 다양하게 '개인의 성격대로' 등장을 한다.

도덕적 가치는 리더십의 기본이다. 업무성과는 실패하더라도 다시 열심히 일하면 복구가 가능하지만 한 번 도덕적 기준에 미흡한 일이 생기면 낙인효과 때문에 본인의 이미지를 다시 복구하기가 불가능하다. 하지만 그 도덕적 기준이란 게 가끔 모호할 때가 있다. 이 것을 해도 되나? 말아야 되나? 판단이 오락가락할 때 두 가지를 생각하라. 첫째, 내일 조간신문에 기사가 나왔을 때 지탄받을지. 둘째, 아이들이 알았을 때 "엄마, 괜찮아." 할 수 있을지를 생각해봐라.

푸르덴셜생명 손병옥 회장은 이렇게 말한다. "사실 아랫사람이

233

더 무서워요. 보통은 윗사람한테 신경을 더 많이 쓰거든요. 그런데 아랫사람들은 겉으로는 얘기를 안 해도 윗사람 마음을 꿰뚫어봐요. 윗사람이 어떤 상황에서 어떤 행동을 하는지 다 지켜보거든요. 그래서 아랫사람으로부터 내가 진정성 있는 리더라고 평가를 받으려면 진실하고 일관된 모습을 보여주어야 해요."

또 사심을 버려야 한다. 본인을 위해 하는 건지, 아니면 조직을 위해 하는 건지 사람들이 말은 안 해도 다 안다. 당연한 얘기지만 본인을 위해 일하는 사람이 돼서는 안 되고 조직을 위해 일하는 사람이 돼야 한다. 어떤 리더는 자신의 출세를 위해 아랫사람을 도구로 사용하는 경우도 있다. 그런 리더와 일할 때는 조직원들이 회사에 가기조차 싫어진다. 자신은 '그와 그녀'의 출세 도구에 불과하니까.

공사구별은 학연이나 지연으로 뭉쳐진 조직에서 더 지켜지기가 어렵다. 사적 인연인 학연과 지연에 따라 승진이나 보직을 결정하는 리더는 공사구별이 안 되는 전형적인 리더이다. 건강하지도 않고 발전적일 수도 없다. 그런 모습을 차세대들이 따라 해서는 안 된다. 무한 경쟁인 미래사회에서 이런 구태는 빨리 벗어나야 조직이 살 수 있다. 학연과 지연이 부족한 여성들에게는 이런 상사와 일할 때 더 힘들어진다.

또 이런 상사도 보았다. K는 부하직원들을 잘 챙기는 상사로 소문이 났다. 부하직원의 능력과 상관없이 직원을 챙기는 것은 거의 상사의 의무라고 생각했다. 하지만 생각해보아라. 내 직원만 챙기는

234

것도 넓은 의미의 공사구별 못 하는 범주에 들어갈 수 있음을 알아야 한다. 정말 공적인 정신자세가 확립돼 있다면 조직의 발전을 위해서 누구랑 일하든 간에, 그가 어느 대학을 나왔든 간에, 그가 어느 지역 출신이든 간에 잘하는 사람을 승진시키는 자세가 필요하다.

내 직원만 챙기지 마라. 손해 본 직원들의 개인적인 피해도 문제이지만 더 큰 문제는 조직에 끼치는 피해이다. 공사구분의 범위가 뜻밖에 넓다는 사실을 명심해야 한다. 그래서인지 요즘 도덕성을 강조하는 회사들이 늘고 있다. 반가운 일이다.

소문의 종착역이 되자

사람들이 모이면 남의 이야기를 하기 쉽다. 자기 생각을 확인하고 타인들과 같이 그 생각을 공유하고 싶은 것은 사회적 동물인 인간의 본능일 것이다. 그러나 절대 남의 이야기를 하지 않는 분이 있다. 다른 사람 이야기가 화제가 되면 똑같은 말만 한다는 것이다.

"그분 훌륭하지요. 훌륭해요."

동석한 사람들은 흉을 보는데 훌륭하다고 계속 반복하니 흉보는 판이 깨지고 흉보는 대화에 끼이지 않게 된다. 그분의 지론은 "언젠가는 그 사람 귀에 들어간다." 세상에 비밀이란 게 없다. 그 이야기를 들은 사람은 얼마나 기분 나쁘겠는가. 그분이 쓰는 게 엄청난 전략이다. 『무조건 행복할 것』의 저자 그레첸 루빈도 행복을 실천하는 방법의 하나로 남의 이야기를 하지 말 것을 들고 있다. 남을 비난하는 말이나 생각은 남보다 나의 행복을 저해하는 요인이 되기 때문이다. 또 남의 이야기를 할 때 자발적 특성 전이현상 spontaneous trait transference이 발생한다는 연구도 예를 들었다. 그것은 내가 다른 사람에 대해 하는 말은 의도와는 상관없이 내 자질이 되기 쉽다는 것이다.

최근에 어느 모임에 갔다. 한참 식사가 진행되고 거의 마무리가될 무렵이었다. 참석자 중 한 사람이 한마디 툭 던진다. "사람들이나에 대해 이러쿵저러쿵하는 이야기가 들려요." 근데 나도 그런 이야기를 들은 적이 있었다. 말하는 사람이 하도 재밌게 흉내까지 내가며 이야기하길래 웃으면서 들은 적이 있었다.

'아, 누가 저런 이야기를 전달해줄까? 그때 거기 있었던 사람이겠지.'

참 세상이 무섭다는 생각이 들었다. 같이 이야기하고 뒤에서 전달하는 사람들은 어디나 다 있었다. 좋은 교훈이 됐다. 30년 공직생활에서 나름 살아남은 비결이라면 일은 기본이고 남의 말을 잘하지 않는 것이 기본 철학이었는데 본의 아니게 그런 현장에 동석한 사람이 돼버렸으니 난감했다. 여러 모임에 가다 보면 이런 일저런 일이 생기는 법이다. 그럴 때는 이 말을 기억하자.

"아주 훌륭한 분이시네요. 훌륭하세요"

경영 컨설턴트인 스티븐 코비도 저서 『성공하는 사람들의 7가지 법칙』에서 성공하는 사람들이 윈-윈 전략을 중요하게 여긴다는 사실을 발견했다. 상대방과 내가 서로 도움이 되도록 한다는 것이다. 대부분의 사람들은 서로의 약점을 이야기하고 비난한다. 그런 행동은 서로에게 아무런 도움이 되지 않는다. 상대방의 장점만을 보고 배우는 윈-윈 전략이 필요하다.

2008년 미국 대선 직전 선거운동을 할 때의 일이다. 사라 페일린이 공화당 부통령후보로 지명돼 기세를 올리고 있었다. 근데 세라 페일린의 옷치장이 선거 자금에서 나왔고 과도하다는 비난이 거세졌다. 미셸 오바마는 이날 제이 리노가 진행하는 「투나잇쇼」에 출연해 페일린 후보와 가족의 옷치장을 위해 15만 달러를 쓴 사실에 대해 이렇게 이야기했다.

"옷치장 이해해요." 비난이 아니다. "부통령후보란 어느 날 갑자기 대포로 쏘아 올려져 만인의 관심을 받게 되는 자리인데 잘 보이고 싶지 않겠느냐"고 말했다. 미셸은 이어 "집에서 누구도 상관하지 않고 지내다가 갑자기 전국 무대에 나서 모든 이들이 자신을 쳐다본다고 상상해보세요."라고 시청자들을 향해 묻기도 했다.

직설적인 비판보다 더 은근하고 폐부를 찌르는 언급이었다. '나 같으면 어땠을까?' 그런 질문을 받았다면 그녀를 비난하기에 바빴을 것이다. 이게 보통 사람의 모습이다. 원래 똑똑한 줄은 알고 있었지만 그 인터뷰 기사를 읽고 정말 미셸이 대화의 기술까지 갖춘 분별력 있는 여성이라는 생각이 들었다.

대화에 필터가 필요하다

최근 들은 얘기다. 상사에게 어려운 보고를 할 일이 있을 때 여성 직원들을 데리고 간다는 분이 많아지고 있다는 것이다. 여성들이 말도 논리적으로 잘하고 꺼내기 어려운 이야기도 불편하지 않게 하기 때문이란다. 그분 이야기가 "남성들보다 쓸모가 많다니까요." 좋은 뜻에서 한 이야기일 것이다. 하지만 다른 한쪽에서는 여성들이 대화에 필터가 없다는 지적도 한다. 그런 지적에 대해 조화준 대표는 이렇게 조언한다.

"정말 소리치고 싶은 일이 있을 때 물론 당장은 하고 싶겠지만, 일단은 참으라고 말해주고 싶어요. 예들 들어 '쟤는 아무 때나 까칠하게 굴어'가 아니라 '쟤 말은 들을 만해.'라는 평판이 설 때까지는 참아야 해요. 그런 다음에 목소리를 내도 돼요."

나 역시 후회되는 말을 한 적이 많다. 내가 사무관 때의 일이다. 회의 시작 전에 국장님이 나를 보더니 다짜고짜로 질문했다.

"이 사무관은 남편이 돈을 잘 못 버나 봐요. 이렇게 일을 하는 걸 보면."

순간 화가 확 났다. 아니 다른 남자들한테는 아내가 돈을 버는지 안 버는지 묻지 않고 왜 여성인 나한테만 묻는 것일까? 여자는 집에서 살림이나 해야 한다고 생각하는데 밖에 나와서 일하는 것이 눈에 섧으셨던 모양이다. 지금은 퇴직하셨는데 그때의 분한 마음에 아직도 그분 성함을 기억하고 있다. 그런데 순간 참지 못하고 내 대답도 거칠게 나왔다.

"어떻게 아셨어요? 우리 남편이 아직 학생이라 돈도 못 벌고 제가 벌어야 해요."

확 해버렸다. 순간 분위기가 냉랭해졌다. 1980년대의 보수적이고 관료적인 행정조직에서 '국장님께 그런 답변을 하다니……' 이런 분위기였다. 옆에 있었던 남자 동료가 퇴근 무렵에 한마디했다.

"그렇게 톡 쏘지 말고 부드럽게 말하는 것이 낫지 않아요? 남성들은 상상도 못해요. 윗분에게 그런 투로 이야기한다는 것이."

그러면서 그는 어렵게 말을 꺼내는 것이라고 했다. 얼마나 듣기 거북했으면 그런 말을 했을까? 하지만 직설적인 나의 대화법은 쉽사리 고쳐지지 않았다. 때로는 부드러운 화법의 전달력이 더 강하다는 것을 한참 뒤에야 알게 됐다. '대화에 필터라는 깔때기'는 균형과 지혜로운 성장을 가져오는 모퉁잇돌이다. 하지만 여성들이 대화에 필터가 없다는 것도 한두 여성이 보여준 강력한 모델링의 결과일 수도 있다. 하고 싶은 말 다 못하며 참아야 하는 상황이 더 많지 않을까? 일반화는 고정관념의 또 다른 이름인 것이다.

분노와 감정을 컨트롤하라

흔히들 '여성'에 대해 얘기할 때 다들 동의하는 점이 감정이 풍부하다는 점이다. 풍부한 감정은 공적인 영역에서 이야깃거리가 되는 경우가 종종 있다.

여성들이 많은 조직에 처음 근무하는 남자 상사 B의 이야기이다. B는 부하 여성 직원들을 어찌 대해야 할지 모르겠다고 했다. 고쳐야 할 부분을 지적하거나 어려운 지시를 하면 눈물부터 글썽거리니 도무지 일을 시킬 수가 없다는 하소연이었다. '남성 직원과 똑같이 대하면 안 되겠구나.' 하는 생각은 물론이고 함께 근무하는 것이 가끔은 불편하다고 했다. 사실 그런 이야기는 다른 남성 상사들에게도 가끔 들어봤다.

"여성들은 사무실에서 야단맞으면 왜 울어요?"

나의 변명은 이렇다. 아마도 야단맞는 일이 억울해서일 수도 있고, 감정이 풍부해서 그럴 수도 있고, 집에 아이들 떼놓고 힘들게 일하는데 직장에서도 인정 못 받으니 서러워서 그럴 수도 있을 것이고, 그동안 야단을 안 맞다 보니 야단맞는 훈련이 안 돼 그럴 수도 있다. 이유는 정말 많지만 여성들이 감정이 풍부해서 그런 것이니 너무 신경 쓰지 말라고 조언해줬다. 그런데 그 정도까지는 애교이다. 감정 컨트롤이 되지 않을 경우, 더 나아가 분노조절이 안 되고 업앤다운이 심해져 치명적인 문제로 악화되기 쉽다.

남자 후배들과 저녁을 할 기회가 있었다.

"선배님, 요즘 힘들어 죽겠어요. 스트레스 때문에 원형탈모증이 생겼어요."

항상 명랑하고 씩씩한 후배가 힘들어하니 이유가 궁금해졌다.

"여성 상관이 새로 왔는데 너무 무서워요."

최근 들었던 말 중 가장 심한 게 "머리는 왜 달고 다니느냐"였다고 한다. 후배는 자존심이 엄청나게 상했다. 누가 여성 리더십을 부드럽고 따뜻한 리더십이라고 정의했는가? 조직에서 리더를 남녀로 구분하는 것이 실수였음을 금방 알아차려야 한다. 성별 특성보다 개인별 특성이 더 크다. 그 후배의 상사는 일을 열심히 하는 사람이지만 소통 방법이 틀렸다. 잘못했다고 화를 내고 야단을 치는 것은 효과적인 의사전달 방법이 아니다. 분노와 감정을 다스리는 법을 배워야 한다.

때에 따라서는 잘못을 이야기할 수도 있다. 하지만 상대방의 인격은 건드리지 않고 전달하는 법을 배워야 한다. 당연히 상사도 부하직원의 인격을 존중해야 한다. 일만 잘한다고 리더는 아니다. 화를 내지 않고도 부드러운 리더십으로 성과를 내는 리더도 많다. 윤종민 롯데그룹 인사실장은 "40년 동안 아랫사람을 진심으로 가혹하게 야단친 적은 없어요."라고 회고한다. 그는 늘 부드럽고 따뜻한 리더십을 발휘하려고 노력해왔다. 그렇다고 일이 안 돌아가거나 성과가 안나는 것도 아니다. 오히려 남들보다 더 많은 성과를 내고 있다.

241

다산 정약용이 1818년에 수령들이 지켜야 할 지침에 관하여 쓴 저서 『목민심서』에서 수령이 성난 마음으로 형벌을 시행하면 형벌이 사리에 맞게 되기 어려우니 일을 할 때 성내지 말라고 조언했다. 18세기이나 21세기이나 분노와 감정의 통제는 시대를 뛰어넘는 리더의 기본적인 소양인 것이다.

나는 분노와 감정이 차오를 때 감정의 몸통 위에 '아이언 맨 갑옷'을 입자고 조언하고 싶다. 감정을 드러내지 않고 감정 컨트롤을 해주는 아이언 맨 갑옷. 그러니까 남이 뭐라고 했을 때 나도 상처받지 않고 또 나도 사람들한테 감정적으로 대하지 않게 하는 그런 옷을 입어야 한다. 그러나 누구나 쉽게 그런 옷을 입을 수는 없다. 많은 성찰과 내공이 우러나올 때 가능한 일이다.

술보다는 능력으로 경쟁하라

바로 작년 이야기이다. 평소 알고 지내던 여성 임원에게서 전화가 왔다. 2년 계약을 했는데 갑자기 보직 해임통지가 날아왔다고 했다. 날벼락 같은 이야기여서 이유를 물었단다. 여러 가지 이유를 거론했는데 그중의 하나가 술을 못 먹어서 대외적인 협상 능력이 부족하다는 거였다. 다소 어이가 없었다.

아직도 술자리에서 모든 게 이루어진다는 잘못된 생각을 하는 사람들이 곳곳에 있다. 술도 능력이라면서 자랑하는 분들도 수두룩하다. '얼마나 자랑할 게 없으면……' 이런 생각이 들 정도이다. 이런 상황에서 계속 근무해야 하나 고민하는 그녀에게 나는 계약 기간까지는 절대로 그만두지 말라고 조언했다. 술을 잘 먹는 후임자가 와서 얼마나 일을 잘하나 한 번 보자고 했다. 그녀는 본부대기인 상태에서 꿋꿋이 잘 버텼다.

회식에 술이 빠지는 일은 없다. 회식문화가 발달하다 보니 자연스레 우리나라의 평균 알코올 소비량은 2014년 기준 1년에 9.1리터로 소주를 기준으로 하면 127병에 해당한다. 도수가 높은 술만 보면 세계 1위이다. 술을 잘 먹어야만, 회식자리에 끝까지 있어야만 대외적인 소통과 협상 능력이 있는 것일까? 처음 내가 공직을 시작할 무렵의 이야기이다. 그 당시 여성 선배들은 다 여장부 같았다. 일도 잘하고 술도 잘 먹고 대단하다는 평을 들었다. 절대 소수였던 여성이 남성 중심 조직에서 살아남기 위해서 어쩔 수 없었을 것이다.

최근에 만난 한 CEO는 그건 옛날 방식이라고 잘라 말한다. 이제는 세상이 바뀌었다. 주5일제로 주중의 업무 강도도 세졌고 경쟁도 치열해졌다. 전날 술을 먹고 아침부터 멍한 상태에서는 업무의 집중도와 효율이 생길 수 없다. 그분은 직원들에게 술 먹으려면 금요일에 먹으라고 한단다. 술을 많이 먹으면 그다음 날 피곤해 대충대충 업무를 한다는 거다. 술보다는 능력으로 경쟁하라는 취지라고 했다.

공직에 있을 때 타 기관과의 회식자리에서 술잔을 피하면 "술도 못 먹는데 힘들었겠어요." 하는 분들이 더러 있었다. 다들 마음속에는 술을 잘 먹어야 인간관계도 좋고 소통도 잘돼 업무가 풀리니 이것이 능력이라고 믿는 것이다. 다행히 요즘 일과 가정의 양립이 사회의 화두로 떠오르면서 음주문화가 줄고 있는 듯하다. 술을 잘 먹어야만 갈등해결능력이 있고 대외적인 소통능력이 있다는 미신에서 벗어나는 사회가 되기를 기대해본다.

19명의 여성 CEO들이 쓴 『7cm 하이힐의 힘』에서 이민재 엠슨 회장은 여성들이 맹목적으로 남성들의 성공방식을 따라 할 것이 아니라 자신만의 방식으로 성공하라고 조언한다. 권숙교 김앤장 고문도 조언한다.

"저는 3년 6개월간 CEO 생활을 할 때도 지켰고, 지금도 반드시 지키는 원칙이 있습니다. 저는 술과 골프를 하지 않아요. 조찬으로 번개팅을 한다든가, 점심에 도시락 미팅을 합니다. 오히려 직원들이 좋아했던 것으로 알아요. 불건전한 네트워크는 부작용이 생기게 마련입니다. 네트워크는 필요하지만 건전한 방식으로 본인의 진심을 담아 네트워킹하라고 얘기해주고 싶어요."

이제는 세상이 바뀌고 있다. 진솔한 대화와 문화 콘텐츠 등 자기만의 방식을 만들어 네트워킹하는 것을 권해본다. 업무 태도나 자질에서도 여성의 장점인 섬세함과 감수성을 살릴 때 더 경쟁력이

244

있을 것이다. 국무총리실에 오래 근무하면서 여성 직원들과 많이 일해보고 여성정책 조정업무 경험이 많은 K의 말을 명심할 필요가 있다.

"여성들은 여성들 방식대로 할 때 경쟁력이 생겨요."

:: 어떻게 아이들을 키울 것인가

몇 년 전 가을 중앙 일간지 소속 여성가족부 출입기자가 갑자기 찾아왔다. 육아 때문에 직장을 그만두겠다는 것이다. 깜짝 놀랐다. 하늘의 별 따기처럼 입사하기 어려운 신문사였고 거의 20년을 일한 베테랑 기자였는데 그만둔다니 말리고 싶었다. 정말 아까웠다. 최근에 만난 그녀는 말한다. "직장에 다니나 안 다니나 아이를 키우는 일은 똑같이 힘들어요."

또 한 사례가 있다. 내가 경기도교육청에 근무할 때 만난 직원 이야기이다. 9급에서 출발한 주사보였다. 주사보는 7급이다. 어찌나 다부지고 일을 잘하는지 나중에 중요한 인재로 클 것 같은 재원이었다. 내가 경기도 교육청을 떠나고 난 후 그녀와의 소식은 끊겼다. 몇 년 전 갑자기 그녀가 전화해왔다.

"저, 곧 명퇴해요." "아니 무슨 일이에요. 왜 벌써?" 나의 질문은 이어졌다.

사연을 들어보니 그녀는 5급 승진을 포기하고 6급에 계속 머물러 있었다. 승진을 자발적으로 포기한 것이다. 늦게 낳은 아들을 키우는 데 집중하기 위해서. 육아휴직도 최대한 오래 했다. 휴직기간이 길다 보니 동료는 다 승진하고 자연스레 그녀의 승진은 멀어져갔다. 내가 말했다. "너무 아까워요." 그녀가 답한다. "아뇨, 하나도 안 아까워요. 아이들이 소중했거든요."

워킹맘이 직장을 그만두지 않고 다니는 것은 쉬운 일이 아니다. 나의 경우도 예외는 아니었다. 일하는 엄마들이 제일 힘들 때는 아이들이 아플 때이다. 수도 없이 병원을 들락거리며 어린 시절을 보냈지만 아직도 기억에 남는 장면이 있다. 한창 볼거리가 유행하였을 때 두 아이가 함께 볼거리에 걸렸다. 볼거리는 유행성 전염병이다. 금방 전염이 된다. 큰 애가 걸리더니 동생까지 옮았다. 볼은 터질 듯이 퉁퉁 부은 상태로 축 처져 있는 아이들을 하나는 업고 하나는 손을 잡고 병원에 다녀오던 저녁 밤이 아직도 생각이 난다. 내가 무슨 영화를 누리려고 이러고 사나 싶은 생각에 처량하고 힘든 밤길이었다. 아픈 아이들을 두고 다음날 나는 출근을 해야만 했다.

네 차례의 경력단절을 극복하고 금융권 최초 CEO의 자리에 오른 여성이 있다. 손병옥 회장의 이야기이다. 1992년 겨울이었다. 어느 날 회사에서 퇴근하니 남편이 말한다. "여보, 나 미국으로 발령받았어." 서로 가고 싶어 하는 중요한 자리라 크게 기뻐할 일이었지만 마냥 기뻐할 수만은 없었다. "그럼 내 직장은?" 지금이야 해외 근무하는 배우자를 따라갈 수 있는 동반휴직제도가 있지만 그때는 어림도 없는 상황이었다.

"그래서 그날부로 저는 경력단절 여성이 됐어요."

자발적인 경력단절이었지만 언제 다시 일을 시작할지 모를 일이니 걱정되고 불안했다. 나중 귀국하면 일을 다시 할 수 있을까? 미래의 불확실성과 예측 불가능에 대한 불안감이 엄습해왔다. 그런 불안감을 떨치기 위해서라도 계속 사회와의 끈을 놓지 않는 의미로, 아니면 나중에 더 준비된 모습으로 복귀하기 위해서라도 공부를 해야 했다. 그리고 무언가를 꼭 해야 하겠다는 생각이 있었기 때문에 계속해서 할 일을 찾았다. "일과 완전히 끈을 놓으면 안 돼요. 눈과 귀를 열어놓고 있어야 합니다." 결국은 마음가짐이다.

'내가 할 수 있는 게 무엇일까?' 끊임없이 찾은 끝에 영어를 가르치기 위한 테솔TESOL 자격증과 회계학 공부를 했다. 공부를 계속하면서 칼을 바짝 갈아둔 상태였기에 푸르덴셜생명에서 연락이 왔고 복귀가 가능했다. 기회가 왔을 때 준비가 돼 있어야 그 기회를 잡을 수가 있다. 준비된 사람이 기회를 만날 때 일어나는 일을 우리는 '행운'이라고 부른다.

"우리 회사도 그렇고 주변에서 보니 아이 때문에 그만둔다는 여직원들이 많아요. 그런데 가만히 보니까 그만둘 구실을 찾고 있었던 것 같아요. 정말 일을 하고 싶었으면 평소에 그만두지 않아도 될 사전준비를 해놓았을 텐데요. 무슨 일이 있을 때마다 다닐까 말까가 아니고, 다니는데 무슨 방법으로 해결할까가 중요한 것 같아요."

대부분의 남자들은 일을 완전히 그만둘 생각을 하지 않는다. 지금 다니는 직장을 그만둬도 일을 계속하기 위한 방법을 찾는다. 그게 여성들과 다른 점이다. 손병옥 회장은 경력단절을 극복하고 어렵게 다시 찾은 직장이어서 더 소중했고 더 열심히 일했다. 그렇게 경력단절여성의 성공사成功史를 만든 것이다.

워킹맘이 엄마의 자리와 직장인으로서 성공의 자리를 다 갖는다는 것은 정말 어려운 일이다. 둘을 다 갖기 어려울 때 대부분은 엄마의 자리를 택한다. 여성에게는 모성 본능이 있고 육아 책임도 전적으로 있기 때문이다. 통계청이 발표한 '2012년 맞벌이 가구 통계' 자료를 보면 우리나라의 유배우가구(배우자가 있는 부부 가구)는 총 1,171만 6,000가구이며 이중 맞벌이는 절반에 가까운 509만 7,000가구로 전체 인원의 50%에 가까운 것으로 나타났다. 남성 리더 H는 양성평등에 대해 한마디로 잘라 말한다. "이념적으로 양성평등을 논할 필요가 없어요. 육아문제가 해결되지 않는 한 우리 사회의 양성평등은 요원합니다."

가정, 직장, 정부, 사회의 노력이 필요하다

나의 경험으로나 다른 워킹맘을 지켜봐도 현재 우리나라의 여건상 주변의 도움이 없이는 '일과 가정 병행'은 불가능하다. 또 "힘들어 죽겠어요."라고 이야기해야 힘든 줄 알지 이야기하기 전에는 다들 육아의 고충을 다들 몰라준다. 여성 기업인들도 이구동성으로 "모성보호 비용은 비용이 아니다."라고 강조한다. "여성들은 입사 시 시험 성적은 좋은데 근성이 부족하다는 얘기를 들어요." "아무래도 여성들은 남성들이랑 상황이 달라요. 아이에 대한 책임감과 모성이 강하기 때문이죠. 아이 때문에 많은 것을 포기해야 하는 제약들이 아쉬워요."

가정에서는 가사와 육아가 아내의 일만이 아니라 부부의 공동 일이라는 의식 개선이 필요하다. 가사와 육아 일을 도와주는 남편도 그게 '내 일'이라고 생각하지 않는 게 문제다. 당연히 함께해야 하는 일이라고 생각하는 남편은 과연 얼마나 될까? 유발 하라리 교수에 의하면 그런 고정관념은 본능에서 오는 것이 아니고 그간의 사회문화가 규정한 것이다. 물론 수천 년 전수된 것이니 쉽게 변하기는 어렵지만 본능적인 것이 아니니 불가능한 것도 아니다.

직장에서는 정시퇴근, 유연근로, 재택근무 등 '시간과 공간의 유연화'가 필요하다. 정시퇴근이라도 제대로 되면 많은 문제가 해결될 것 같다. 우리나라는 OECD 국가 중에서 멕시코 다음으로 근무

250

시간이 길다. 하지만 시간당 생산성은 제일 낮으니 오래 일은 하지만 열심히 하는 게 아니다. 늦게 퇴근하는 것이 일상화돼 있는 직장들이 많은 것이다. 저녁에 회식 안 하면 허전한 회식문화도 개선돼야 한다. 눈치 보지 않고 남녀 모두 육아휴직을 사용하는 날도 어서와야 한다. 현재 남성의 육아휴직률은 4%대에 머물고 있다.

사회 전반에는 가정과 직장의 변화가 정착돼 의식개선이 총체적으로 이루어지고 정부에서는 이러한 정책들에 대한 인센티브 제공과 세부정책에 대한 강력한 드라이브를 걸어야 한다. 각 주체별로 개선해야 할 항목은 아래와 같다.

육아 책임을 가정과 사회가 함께 공유해야 하는 것은 물론이고 정부에서도 가족 친화적인 정책을 적극 도입해야 한다. 기업들은 이런 비용들을 비용으로 생각하지 말고 투자라고 생각해야 한다. 초저출산 시대에 출산과 육아는 여성의 일뿐만 아니라 미래에 대한 투자이기 때문이다.

- 가정(가사와 육아에서 성역할 고정관념 깨기)
- 직장(정시퇴근, 유연근로, 육아휴직 활성화)
- 사회(사회 전반의 의식개선)
- 정부(보육정책과 일가정양립정책 등)

이제 가정, 직장, 사회, 정부 모두가 함께 나서야 한다. 여성 혼자서 해결할 수 없는 일이다.

워킹맘의 영원한 숙제는 일과 가정의 균형이다

'아이와 내가 둘 다 행복하려면 어떻게 해야 할까?'

2015년 롯데그룹 워킹맘 수기공모전에서 금상을 받은 캐논코리아의 김미선 팀장은 수기 「내 아들의 꿈은 엄마처럼 팀장이 되는 것」에서 다음과 같이 본인만의 팁을 썼다. 고민에 고민을 거듭한 뒤 워킹맘으로서 아이와 함께하기 위한 최선의 방법을 찾아낸 것 같다.

'내 아이를 돌봐주는 사람을 신뢰하자. 나의 형편에 맞는 보육시설을 선택하자. 회사와 가까운 곳에 살자. 집이 좁은 건 중요하지 않다. 같이 있는 동안이라도 최선을 다해 아이에게 집중하자. 사랑을 많이 표현하고 특히 안아주고 같은 방에서 자자. 엄마가 우리 사회에서 중요한 일을 하고 있다는 것을 알려주자.'

1세대 여성 CEO인 한경희 대표도 처음 사업을 시작할 때 아이들이 많이 어렸다. "아이들을 위해 원칙을 정했어요. 일할 때 일에 집중하되 저녁과 주말에는 약속을 잡지 않고 두 아들에게 최선을 다하자는 것. 사업으로 바쁜 와중에도 두 아들에게 직접 책을 읽어주고 잠자리를 살피며 시간을 보내자는 것입니다." 한경희 대표도 밖에서는 정신없이 바쁜 CEO였지만 집에서는 다른 대한민국의 엄마와 같은 그냥 엄마였다.

그 사이 두 아들은 어느새 자라 고등학생이 됐다. 얼마 전 모 방송 인터뷰에서 한경희 대표의 둘째 아들은 한 대표를 100점짜리인 엄마로 꼽았다. 질풍노도의 시기인 고등학생 자녀로부터 100점을 받기는 쉽지 않다. 한 대표만의 자녀교육법이 효과를 본 것이다.

"워킹맘의 영원한 숙제가 일과 가정의 균형이에요."

한 대표의 말이다.

2015년에 지금은 인천대 총장인 조동성 교수가 이끄는 독서포럼에 특강을 하러 간 적 있다. 한 남성이 하는 말. 사업하는 분인데 아내랑 같이 사업하고 싶어 해도 아내가 일하려고 하지 않는다는 것이다.

"그것은 남편이 집안일을 안 하는 것과 같은 것 아닌가요?"

이 분의 질문에 대한 나의 대답은 두 가지이다. 하나는 집안일도 중요하다는 점이다. 누구나 사람은 일한다. 바깥일이냐, 집안일이냐의 차이가 있을 뿐이다. 가사와 육아도 하나의 선택이기 때문에 집안일을 하는 것도 그 가치를 인정받아야 한다. 하지만 여기에 전제조건이 있다. 남성이 집안일을 선택해도 그것을 인정해주어야 하고 여성이 회사 일을 선택해도 당연하게 생각해야 한다. 그런 성별 고정관념이 깨질 때 진정한 능력 중심의 사회가 될 수 있다.

:: 가족은 모든 에너지의 원천이다

워킹맘에게 가족은 의미가 더 크다. 엄마를 간절하게 원하는 아이들을 떼어놓고 일하러 가기 때문이다. '엄마'라는 역할은 무한정의 에너지를 요구하기도 하지만 다른 한편으로는 무한정의 사랑과 에너지의 원천이다. 또 하나의 세계가 눈이 빠지게 나를 기다리고, 나를 사랑하고, 나를 지원하고, 나를 원하고 있다는 것은 강한 정신력과 버티는 힘을 준다.

아이들과 떨어져 있는 만큼 더 열심히 하자

1996년 어느 날 승진에서 탈락하고 터덜터덜 집에 왔다. 그럴 때는 누구나 빨리 집에 가고 싶다. 허전한 마음을 채워줄 곳은 결국 가족이기 때문이다. "그래, 승진 조금 늦게 하면 어때. 난 행복한 가족이 있는데." 사무관 12년 차였다. 공석이 있는데도 승진을 시켜줄 생각도 안 했다. 타 부처에서 온 사람은 승진을 2년간 제한한다는 규정을 만들었기 때문이다. 돌이켜보니 그 규정은 나에게만 적용된 규정이었다.

승진에서 탈락했을 때의 심정은 경험해본 사람만이 안다. 승진이 안 되면 꼭 안 돼서라기보다 '내가 조직에 필요 없는 존재인가?' 하는 점이 더 힘들다. 열정적으로 최선을 다해 일했는데 인정을 못 받는다는 것을 받아들이기는 쉽지가 않았다. 하지만 '나는 나를 사랑하는 가족이 있다'는 자부심 덕분에 금방 회복했다. 다음날 휴가를 내고 하루 출근을 안 했다. 조금 쉴 시간이 필요했다. 딱 하루. 집에서 우는 모습을 본 어린 둘째 딸은 손수건을 가져와서 눈물을 닦아주고 한마디 한다.

"다음에 잘될 거야. 우리 엄마인데."

신기하게도 아이는 이 장면을 아직도 기억한다. 무슨 일인지는 모르지만 회사도 안 가고 엄마가 무척 슬퍼했다고. 그리고 다음 해에 생애 첫 승진을 했다. 좋은 일이 생기면 가장 먼저 떠오르는 것은 바로 딸들의 얼굴이었다. 딸들에게 자랑스러운 엄마가 되는 게 나에게는 또 하나의 강한 동기였다.

보니까 조화준 대표도 그랬다. 승진에서 탈락한 날. 딸에게 하소연했다. "오늘 엄마 미끄러졌어." 철없는 둘째 딸은 "왜 미끄러졌어? 조심해야지. 밖에 눈 와?" 눈치 빠른 큰딸은 "바보. 그게 아냐"

"병아리 반에서 개나리 반에 가야 하는 데 병아리반을 더 다니라고 하는 거야."

아이들의 대화를 듣다 보니 엄마는 웃음이 나온다. 회사와 전혀 다른 세상을 경험하니 마인드셋이 저절로 되는 것이다. 다음 날 아침 바깥세상으로 갈 때는 완전 재무장을 하고 가는 셈이다.

아버지의 적극적 지지는 유리천장을 뛰어넘게 한다

보통 가족 하면 엄마를 떠올리고 모성의 힘을 이야기하는 사람이 많지만 요즘 부성의 힘도 존재감을 드러내고 있다. 공부 잘하는 딸을 대학에 안 보낸 아버지나 딸의 안전이 걱정돼 유럽여행을 반대해 회사에 전화한 아버지도 있지만 딸의 교육에 극성스런 아버지들도 늘고 있다. 이미현 교수나 최수향 국장의 뛰어난 영어 실력도 다 아버지의 한 발 앞서 가는 혜안과 시대를 읽는 능력이 한몫한 것이다.

나는 이미현 교수가 대한변협 부협회장을 할 때 처음 만났다. 이 교수는 대한변협 최초 여성 부협회장이었다. 이미현 교수는 법무법인 광장에서 26년간 근무하다가 교육과 연구에 뜻이 있어서 최근에 연세대 로스쿨 교수로 이직했다. 79학번 본고사가 있던 시절에 서울대 법대를 졸업하고 사법시험에 합격한 전형적인 엘리트다. 보통 여성 변호사들은 민사사건을 많이 했는데 그녀는 특이하게 금융과 조세 전문가이다.

기업 분야라 힘들지 않았을까? 그녀는 말한다. "일은 하나도 안힘들었어요. 그런데 마케팅이 힘들었어요." 고객들도 만나야 하고. 우리가 생각하지 못하는 일들이 많은가 보다. "일이 힘들지 않았던 것은 100% 아버지 덕분이에요." 영어의 중요성을 일찌감치 깨달은 아버지는 어려서부터 집에서 영어 공부를 시켰다. 중학교부터 영미권 동화와 『제인에어』나 『폭풍의 언덕』 같은 소설책을 읽었다고 한다. 고등학교에 가서는 버트런드 러셀이나 헨리 데이비드 소로 같은 작가의 에세이를 읽었다.

그녀의 아버지는 시험공부 위주의 공부는 당장 효과는 거둘지는 몰라도 장기적으로 볼 때 진정한 실력이 아니라고 생각했다. 그러나 아버지의 기본을 강조한 영어교육은 고3 때 중단됐다. 한국의 입시교육과 달라도 너무 달랐기 때문이다. 당장 대학입시를 공부해야 하는데 영미 에세이를 읽으라는 아버지의 뜻에 따를 수가 없었다. 드디어 아버지와 한판 붙었다.

"아버지! 나 『성문종합영어』 공부해야 해요."

마침내 고 3에는 영문 에세이 읽기를 중단했다. 하지만 그동안의 영어 동화책이나 에세이 읽기를 통한 영어 실력은 평생 동안 그녀의 자산이 되었다. 영어에 문제가 없는 그녀는 전쟁터에서 강력한 무기를 하나 더 가진 셈이다. 그때는 아버지의 기본을 중시하는 교육관을 따라가기 힘들었지만 지금은 진심으로 아버지에게 감사하게 생각하고 있다.

유네스코 최고위 여성인 최수향 국장도 본인이 이 자리에 올라오기까지의 디딤돌은 아버지라고 언론 인터뷰에서 말했다. 유네스코 전체 884명의 전문직 직원 중에 최 국장과 같은 국장급D1 여성 임원은 14명에 불과하다. 최수향 박사는 한국 여성 최초로 프랑스 파리에 소재한 유네스코 본부 국장에 오른 국제교육 전문가다. 그녀는 현재 평화교육, 글로벌시민교육, 지속가능개발교육을 총괄하는 부서를 맡고 있다.

최 국장의 아버지는 영어의 중요성을 일찍 깨닫고는 해외에서 일하는 데 가장 필요한 언어 능력을 키워주었다. 최 국장이 중학교에 입학하자마자 주한미군 영어방송 AFKN을 들으며 영어 공부를 할 수 있도록 별도의 라디오를 사줄 정도였다. 대학 졸업 후 미국 유학도 아버지가 권해서 갔다. "수향아, 미국 유학 가거라."라고 아버지가 먼저 권유할 정도로 딸 교육에 적극적이었다.

무한 긍정과 자신감은 부모님의 무조건적인 믿음에서 나온다

한전 KDN 임수경 사장은 언제 봐도 항상 웃는 얼굴이다. 정보화진흥원, LG CNS, 국세청, KT 전무를 거쳐 지금은 한전 KDN 사장으로 발탁됐다. 30년 동안 IT 분야에 종사해왔으니 대한민국 IT 발전의 산 증인이다. 그녀는 직장을 여러 번 옮기면서 늘 새로운 환경에 적응하며 능력을 키워왔다. 내가 그녀를 처음 알게 된 것은 그녀가 국세청 전산정보관리국장으로 스카우트됐을 때다. LG CNS 상무로 근무하다가 국세청 국장으로 발탁됐으니 자연스레 주변의 주목을 받았다. 새로운 직장으로 옮길 때마다 다들 '어디 얼마나 잘하나 한 번 보자.'라는 얼굴들이었다. 하지만 그녀는 한 번도 걱정하거나 낙담한 적이 없다.

"다 잘될 거야. 난 할 수 있어."

이직을 할 때마다 새로운 환경에 잘 적응하면서 성공할 수 있었던 비결은 바로 '긍정의 힘'이다. 이런 무한 긍정 마인드는 부모님께서 의도적으로 심어주려고 애쓰신 결과이기도 했다. 어려서부터 수줍음을 많이 타던 그녀에게 긍정과 자신감을 심어준 것이다. 부모님은 이를 고쳐주기 위해서 바깥으로 아이를 끄집어내려고 무지 애를 쓰셨다. 노래도 잘 못하지만 서울시립어린이 합창단에 가입시켜서 무대에 서게 했다. 그게 누구나 가지고 있는 무대공포감을 없애는 데 절대적으로 이바지했음은 물론이다. 부모님께 가장 많이 들었던 말은 "공부해라." 하는 잔소리보다 "너는 무엇이든지 할 수 있어"였다.

시어머니의 전폭적인 지원은 최고의 응원이다

이민숙 롯데백화점 관악점장은 롯데백화점은 물론이고 대한민국에서 최초 백화점업계 여성점장이다. 여성 최초 점장이라 놀라고, 그녀가 고등학교 출신으로 그 자리까지 올랐다는 점에서 놀라고, 직장을 다니면서 두 아이를 키웠음은 물론이고 그런 와중에 대학도 졸업한 엄마라는 점에서 또 놀란다. 나이 열아홉 살. 고등학교 졸업식도 미처 하기 전에 그녀는 남성셔츠 매장에서 와이셔츠를 판매했다. 롯데백화점 공채시험에 합격한 것이 사회생활의 출발이었다. 그 이후 영업팀, 관리팀을 거치면서 능력을 인정받았다. 롯데백화점 창사 이래 최초로 점장에 오른 이민숙 롯데백화점 관악점장에게 유리장벽을 깬 비결을 물었다.

"비결이요? 그런 거 없어요. 그냥 기본에 충실하며 열심히 일했을 뿐이에요. 하지만 한 번 맺은 인간관계는 소중하게 생각한 게 남들과 좀 달랐을까요? 특히 떠나는 직원들을 마지막까지 챙기며 좋은 관계를 맺으려고 노력했어요."

참으로 겸손하게 말한다. 예상 밖이다. 열아홉 살에 입사해 그 지위에 오르기까지 얼마나 많은 일이 있었을까? 하지만 기본에 충실하며 긍정적으로 열심히 일하다 보니 오늘의 그녀가 있게 됐다. 안전관리, 인간관계, 마케팅 모든 부분에서 기본을 철저히 지켜가며 다져온 그녀의 내공이 유리천장을 부수는 망치 역할을 했다.

260

또한 이 점장은 시어머니 덕분에 오늘의 그녀가 가능했다고 말한다. 시어머니는 며느리의 사회생활을 돕기 위해 가사와 육아를 도맡아주셨다. 특히 둘째 아이가 세 살 때 며느리가 대학에 입학해 회사와 학업을 병행할 수 있도록 적극 지원해주셨다. 회사가 쉬는 날을 이용해 학교를 가야 되니 학기중에는 하루도 쉬는 날은 없었지만 시어머님 덕분에 즐거운 마음으로 학업을 지속할 수 있었다.

이 점장은 어려운 일이 있을 때마다 시어머니께 상의했고 시어머니는 그런 며느리를 보듬어주었다. "어머님께서 안 계셨다면 오늘의 나는 없어요." 또 롯데를 안 만났으면 그녀의 인생은 어떻게 변해 있을까? 롯데백화점에 입사한 이래 여성이라고 손해를 보거나 차별을 받은 적은 없었다. 백화점업계에 여성이 많기도 하지만 여성 인재를 중히 여기는 롯데그룹의 경영 철학 덕분이라고 말한다. "롯데가 없었으면 현재의 나는 없었어요." 하지만 아직 대표성은 부족하다. 2016년 기준으로 전체 점장 53명 중 여성은 9명이다. 17%에 불과한 숫자이다. 앞으로 더 많은 여성 점장이 배출되기를 기대하는 마음에서 후배들에게 조언한다.

회사생활을 여행旅行처럼 즐겨라. 요즘 유행하는 '일상여행'이라는 말처럼 조금만 관점을 바꾸면 매장이, 나와 함께하는 책상이 유명 여행지보다 즐겁게 느껴질 것이다. 힘들다고 느껴질 때 조직에서 여성女性이 되려고 하지 말고, 여행처럼 직장생활을 즐길 수 있는 멋진 여성旅性이 되자. 그런 마음가짐만 가지면 높은 목표를 향해 힘겹게 올라가던 우리의 자화상에 어느새 아름다운 가을 산책로를 오르는 것처럼 멋진 풍경이 함께할 것이다. 이 점장에게는 평생직장인 롯데백화점이 세상에서 가장 아름다운 여행지이다.

매 순간 하고 있는 일도 즐기고 일상생활도 즐기다 보면 일상이 행복한 것은 물론이고 언젠가는 좋은 결실을 본다는 거다. "힘들어, 힘들어." 하고 불평하며 일하는 사람치고 끝이 좋은 사람은 보지 못했다. 오늘 최선을 다하고 즐겁게 일할 때 성장은 멈추지 않을 것이다.

남편은 인생의 동반자이자 변치 않는 든든한 우군이다

얼마 전으로 기억한다. 셰릴 샌드버그의 남편이 갑자기 심장마비로 사망했다는 외신보도가 있었다. 그 기사를 읽자마자 그녀가 쓴 책 『린 인』이 생각났다. 셰릴 샌드버그도 책에서 여성이 바깥일에서 성공하려면 배우자를 진정한 동반자로 만들라고 조언했다. 아무리 베이비시터를 고용하고 시어머니나 친정엄마가 도와준다고 해도 남편이 보내주는 지지와 도움은 절대적이라는 것이다. 샌드버그는 그 책에서 워킹맘이 성공하려면 남편을 조력자로 만들라고 조언해주었고 실제 그녀의 남편도 육아와 가사를 돌보는 등 큰힘이 돼주었다. 이영애 의원도 남편의 지원과 배려가 사회생활에 큰 도움이 되었다고 한다. 남편 김찬진 박사 이야기가 나오니 벌써 입가에 미소가 번진다. 부군과는 아직도 서로 존경하면서 24시간을 함께 공유해왔다. 부부 사이가 좋다는 것만으로는 설명이 부족하다. 동료이자 선배이자 분신 같은 남편이다. 함께 산책하고 함께 세 끼를 먹고 함께 운동하고 늘 같이 있다. 후배들이 옆에서 봐도 꿀이 뚝뚝 떨어지는 것 같다.

대전법원 부장판사 시절에는 일화가 있다. 이 의원은 아무리 바빠도 일주일에 두 번은 꼭 서울에 왔다. 40세에 낳은 늦둥이와 남편 때문이다. 대전으로 가는 기차를 탈 때 부군 김찬진 박사는 기차 안까지 들어와서 자리에 앉는 것을 보고 떠났다. 그리고 표를 예매할 때 옆자리 표까지 꼭 표를 두 장 사주었다고 한다. 옆자리에 낯선 사람이 앉으면 불편하고 편히 쉬지 못하니 다리도 뻗고 넉넉하게 앉아서 편하게 가라는 뜻이다. 남편의 세심한 배려가 그렇게 고마울 수가 없었다.

손병옥 회장도 남편이 큰 도움이 됐다. "목숨만큼 중요한 것은 일이었지만 그보다 더 중요한 것은 가족이었습니다." 그런데 손 회장 인생의 최고 멘토이자 정신적 버팀목인 남편이 먼저 고인이 됐다.

"그때 너무 힘들었어요." 다시 태어나도 남편과 결혼하겠다고 말할 정도로 남편은 정말 아이들에게는 최고의 아빠, 아내에게는 최고의 남편, 직원들에게는 최고의 상사였다. 남편의 사망에 손 회장이 너무 상심해 하니 직장에서는 손 회장이 직장에 다시 복귀 못

할 거로 생각했다.

"회사에서 크게 배려를 해줘서 한 달 쉬고 다시 회사에 나왔어요. 산 사람은 살아야겠더라고요. 아이들도 어렸고요. 남편이 못 다한 만큼 더 열심히 일하고 싶었어요."

그렇게 열심히 일하고 사는 것을 하늘나라에 간 남편도 원할 것 같았다. 남편이 고인이 되고 나서 처음에는 죽도록 힘들었지만 지금은 살아 있는 것 자체가 축복이라는 것을 깨달았다. 요즘도 기쁜 일, 힘든 일이 있을 때마다 마음속으로 남편을 부른다.

"여보! 내가 이렇게 살고 있어요."

:: 새로운 변화와 도전을 준비하라

"제가 이달 말로 30년 근무를 마치고 퇴직을 하게 됐어요. 그동안 여러 가지로 감사했습니다."

지난주 갑자기 M에게서 카톡이 왔다. M은 같이 일한 부하직원이었다. 퇴직을 알리는 간단한 메시지였지만 그녀의 메시지에는 허전함이 깃들어 있다. 그 누구에게도 30년 생활을 정리하는 것은 쉬운 일이 아닐 것이다.

그녀의 앞으로의 삶에 격려와 응원을 보내고 싶다. "그동안 수고 많았어요. 제2의 인생의 건강과 행복을 기원합니다."라고 담담하게 답변을 보냈지만 종일 일이 손에 안 잡혔다. 내가 그만두는 것도 아닌데 왜 그럴까? 2년 전의 내 모습이 생각났기 때문이다.

언젠가는 퇴직을 하게 된다

돌이켜보니 나도 퇴직한 지 벌써 2년이 넘었다. 나의 지난 30년 직장생활을 한마디로 표현하자면 '30년을 전쟁처럼'이다. 예전이나 지금이나 워킹맘의 아침 10분은 1분보다 더 빠르게 지나간다. 출근 준비하랴, 성장기의 딸 둘 밥 차려주랴 정신없이 서두르다 보면 아침도 거르고 헐레벌떡 나서기에 바빴다. 아이들 양육을 위해 시댁 근처에 살다 보니 항상 직장이 집에서 멀었다. 워킹맘에게는 한 시간 걸리는 출근 시간도 아깝다. 그 시간에 아이들 더 봐주면 좋은데. 직장일도 녹록지 않았다. 하루하루를 전쟁처럼 살다 보니 30년이 지난 후 나도 모르게 투사가 돼 있었다.

그러던 어느 날 나도 퇴직을 했다. 처음에는 변화가 무서웠고 두려웠다. 익숙한 삶에서 새로운 세계로 혼자 던져진 기분이랄까? 대낮의 햇빛마저 낯설었다. 쨍쨍하게 햇빛이 비칠 때 두더지같이 어두운 사무실에서 있었으니 햇빛이 낯설었을 수밖에. 정신없이 달리다가 갑자기 멈추어버린 기차가 된 것 같은 기분도 들었다. 같이 일하다가 혼자 일하는 것도 낯설었다.

하지만 시간이 지날수록 구속받지 않는 자유의 공기가 좋아지기 시작했다. 24시간이 온전한 내 시간이 된 것이다. 다람쥐 쳇바퀴 돌던 시절에서 오늘과 내일의 일과가 다른 날들을 보내는 것도 좋았다. 일상의 여유도 즐길 줄 알게 되고 평생 못해 본 일을 하는 새

266

로운 시도도 좋았다. 조직생활에서 감추어져 있던 나의 역량을 되찾는 것은 꼭 잃어버린 물건을 발견한 반가움과도 같다. 그런 세월이 벌써 2년이나 흘렀다.

50대가 되면 떠날 때를 대비해야 한다. 고령화 시대에 노년을 즐겁고 보람되게 일할 거리를 만드는 준비가 꼭 필요하다. 그동안 회사와 조직 속에 가려져 있던 진정한 나만의 경쟁력과 차별화된 모습을 찾아서 '나의 브랜드'를 만들어갈 필요가 있다. 왜냐하면 '내 인생의 CEO는 나'이기 때문이다.

우리는 두려워하는 것이 너무 많다. 변화도 싫어하고 도전하는 것도 두려워한다. 하지만 좋으나 싫으나 고령화 사회에서 우리는 살아야 할 날이 많다. "퇴직하니 폭삭 늙었어요"가 아니라 "더 생기 있어졌어요"가 얼마나 좋은가? 제2의 인생을 앞둔 많은 분께 이 말을 꼭 해드리고 싶다. 여태까지 앞만 보고 달려왔다면 옆도 보고 뒤도 살피는 여유를 갖자. 다른 사람의 삶을 들여다보라. 배울 점이 정말 많다. 행복은 멀리 있는 게 아니다. 오늘의 나를, 오늘의 우리를 소중하게 생각할 때 행복해지고 발전한다.

30년을 정리하고 있는 M에게 한마디 하고 싶다. "힘을 내세요. 인생은 여러 가지 길이 있답니다. 그리고 일상의 기쁨이 주는 행복을 누려보세요."

떠나야 할 때를 아는 사람은 아름답다

자발적으로 그만두는 경우도 있다. 교직에 있는 내 친구들은 '교육 전문직이 아닌 평교사로 정년을 채우기는 어렵다'며 요즘 명예퇴직을 많이 했다. 하지만 고위직에 있으면서 자발적으로 그만두는 케이스는 남녀를 불문하고 거의 보기 어렵다. 고위직은 올라가기도 어렵지만 스스로 내려오기도 쉽지 않다.

예외인 인물도 있다. 최인아 전 제일기획 부사장이다. 삼성그룹에서 최초 여성 CEO가 나온다면 그녀일 것이라고 다들 예상하는 순간 스스로 사표를 던졌다. 그녀는 언론 인터뷰에서 이렇게 공개적으로 말했다. "해당 인물과 자리의 역량이 불일치할 때 조직에 비극이 발생한다"며 "(나는 더 승진하기엔) '깜'이 아닌 것 같다"고 스스로를 냉정하게 평가했다. 모든 사람이 최 부사장처럼 스스로를 제대로 알기는 쉽지 않다.

지난 9월. 갓 오픈한 최인아 책방에서 만난 그녀는 이렇게 말한다. "그나마 내가 가지고 있는 것 중 괜찮은 게 있다면 분별력이에요. 회사가 여러 가지 도전에 직면했는데 내가 그것을 잘할 것 같지 않더라고요." 그녀의 말을 들으니 채용공고만 보면 전공과 상관없이, 전략도 없이 무작정 지원하는 용감한 분들의 얼굴이 떠올랐다. 자기 스스로를 진단하고 점검하는 내면의 힘을 길러야 진정한 리더이고 가슴 떨리고 설레는 일을 해야 행복한 리더이다.

손병옥 회장도 떠날 때를 본인이 정했다. 2011년에 CEO로 발탁됐는데 2015년에 자발적으로 일선에서 물러났다. CEO가 되고 나서는 마음속으로 약속했다. "여자한테 맡겼더니 엉망으로 하네." 이 소리는 안 들어야 했다. 당장 급한 것은 회사 실적을 올리는 것이었다. 4년이 지나고 나니 어느 정도 이룬 것으로 보였다. '이제 그만둬도 그런 소리 안 하겠지.' '최소한 후배들에게 민폐는 안 끼쳤구나.' 하는 생각에 일선에서 내려오기로 마음먹었다.

CEO로 발탁된 지 4년 후인 2015년에 회사를 그만두겠다고 이야기했다. 회사도 어느 정도 궤도에 올랐고 상황이 좋을 때 박수를 받으며 떠나고 싶었다. 남자나 여자나 리더는 떠날 때를 알아야 한다. 그녀는 남편이 살아 있을 때 '떠날 때'에 관해 이야기를 나눈 적 있다고 한다. "조직은 나를 필요로 하지 않는데 내가 눈치 없이 계속 머리 박고 다니면 어떡하지?" 남편 하는 말 "당신은 눈치가 빨라서 아마도 떠날 때를 제일 먼저 알 거야."

그녀는 그래도 걱정이 됐다. 수많은 상사를 보면서 느낀 것이 있다. 일을 시작할 때도 중요하지만 떠날 때도 중요하다는 것을. 나이가 들면 판단력이 떨어지고, 미련도 남고, 상황이 자신을 매몰시킬 수도 있다는 것을. 누구든지 자신을 합리화하는 본능이 있기 때문이다. 조직이 절실히 자신을 필요로 하지 않아도 얼마든지 다르게 생각할 수 있다.

"나를 품격 있게 지켜내고 싶었는데 다행히 잘 지켜낸 것 같아요."

떠나는 것은 새로운 변화와 도전을 의미하기 때문에 슬퍼할 필요가 없다. 자기 자신을 계속 점검하고 변화를 두려워하지 않을 때 우리는 죽을 때까지 성장할 것이다.

균형감을 갖고
소통하며
나눔과 배려를 실천하는 여성이 늘어날 때
유리천장이 깨지는 티핑 포인트는 꼭 올 것이다.

271

2016년 11월 10일 나는 또 이런 연설을 들어야 했다.

"우리는 아직도 세상에서 가장 높고 단단한 유리천장을 부수지 못했습니다." 미국 제45대 대통령 선거 패배를 인정하는 연설에서 힐러리 클린턴은 이렇게 말했다. "하지만 언젠가 누군가 반드시 해낼 것입니다. 그 일이 당장 생각하는 것보다 더 빨리 오기를 바랍니다. 그리고 이 연설을 보고 있을 어린 소녀들 전합니다. 여러분은 힘 있는 존재들이며 여러분의 꿈을 추구하고 이루기 위해 세상의 모든 기회와 가능성을 누릴 자격이 있는 존재들입니다. 이것을 절대 의심하지 마십시오." 『허핑턴포스트』는 "이 발언은 트위터에서만 46만 번 이상 트윗됐다"고 보도했다.

미국 최초 여성대통령을 기대했던 내 친구들은 실망하며 힘없이 말한다. "내 생전에 미국 여성대통령은 보지 못할 것 같아." 선거패배 원인이야 여러 가지가 있겠고, 타국의 정치상황을 속속들이 꿰뚫고 있지는 못하지만 전 세계에서 많은 여성들은 세계 최강국인 미국에서 유리천장이 깨지기를 희망했다. 오늘 그 희망이 이루어지지 않았다고 마냥 실망만 하고 있을 수는 없다. 죽을 때까지 성장을 꿈꾸며 희망의 끈을 놓지 않고 계속 도전할 때 힐러리가 말한 것처럼 언젠가는 그 누구나 모든 기회를 잡을 수 있을 것임을 확실하게 믿고 싶다.

올여름은 정말 유난히 더웠다. 20년 만의 기록적인 폭염 속에 사람들은 다 힘들고 지쳤지만 난 생기가 넘치고 하루하루 즐거웠다. 더운 줄도 모르고 이번 여름이 갔다. 솔직히 이번 여름같이 보람이 있었던 여름을 보낸 적이 없었던 것 같다. 무슨 이유였을까? 그것은 이 책이 답이다. 좋은 분들을 만나서 의미 있는 이야기를 듣고 다시 글로 정리하는 과정에서 내가 꼭 그분이 된 듯한 느낌이 들었다.

최근 지인이 카톡을 보냈다. "요즘 어떻게 지내세요?" 묻는다. "글을 쓰고 있어요." 했더니 그분이 하는 말. 한 사람에게라도 용기를 불어넣어 주고, 한 사람에게라도 희망을 불어넣어 주고, 한 사람에게라도 힘을 주는 글을 쓰라고 한다. 그 메시지를 읽으니 정신이 확 났다. '아! 나도 그런 글을 쓰고 싶다.' 그분 말을 들으니 생각나는 책이 있다. 최근에 용기에 관한 책을 읽었다. 그런데 그 책을 읽고 나니 그나마 있던 용기마저 사라져버렸다. 한마디로 작가가 너무 잘났던 것이다. 범접할 수 없는 분이었다. '아! 나는 왜 저렇게 뛰어나지 못할까?' '나는 도대체 뭐야?' 했던 기억이 난다.

그분의 메시지를 받고 반성을 해본다. '왜 나는 글을 쓰는가?' 고백하자면 여태까지는 내가 글을 썼던 이유는 '나를 위해서'였다. 글을 쓰는 과정이 나를 치유하고 나를 행복하게 해주고 나에게 보람을 주었다. 웃었다가 울었다 하면서 원고지를 메워나갔다. 나의 첫 번째 책 『여자의 자리 엄마의 자리』는 그렇게 탄생했다. 겸사겸사 내 인생의 1막 정리도 했다. '내가 정말 책을 쓸 수 있을까?'의 가능성을 실험하는 책이기도 했다. 독자의 심정은? 글을 쓰는 데 급급했기 때문에 거기까지 생각이 못 미쳤음을 고백한다. 하지만 나의 30년 열정이 『여자의 자리 엄마의 자리』에 다 부어진 것은 사실이다.

두 번째 책은 나를 위한 책이 아니라 독자를 위한 책이었으면 했다. 정말 단 한 분이라도 내 책을 읽고 도움이 됐다면 올여름 종일 책상에 앉아서 글을 쓴 보람을 느낄 것 같다. 원고를 탈고하니 이번 책을 쓸 때 도움을 주신 많은 분이 생각이 난다. 제일 감사한 분들은 내게 영감을 주신 분이다. 많은 분이 직간접적으로 내게 영감을 주었다. 그들은 반 발자국 한 발자국 앞서나가며 내가 생각하지 못하는 점들을 가르쳐주었다. 그분들은 말콤 글래드웰 같은 세계적인 작가들도 있고 나의 멘토들도 있다. 분석과 통찰력을 가진 작가들의 글을 읽는 것은 행복한 일이다. 또 책을 쓰라고 옆에서 계속 격려해 주고, 살아 있는 경험을 이야기해주신 모든 분께 감사드린다. 생각을 정리하는 데 많은 도움이 됐다. 인생은 혼자 살 수 없기에 함께 살아나가야 하기에 우리는 듣고 배워야 하는 것이다. 진심으로 감사드린다.

　두 딸도 많은 도움을 주었다. "엄마 회사 가지 마."라고 떼쓰던 '나를 닮은' 내 딸들은 벌써 커서 전문직을 꿈꾸는 여성이 됐다. 취업과 승진은 그녀들에게 당장 닥친 현실이다. 내가 30년 전 그랬던 것처럼. 큰딸 안나는 직장생활 2년 차로 접어들었다. 아직 새내기 직장인이다. 내게 OECD 자료와 해외자료들을 많이 보내주었다. 책을 많이 읽는 둘째 딸 수지는 지금 로스쿨 3학년생이다. 로스쿨 학생답게 책을 좋아한다. 읽은 책 중에서 감명 깊은 책을 이야기해준다. 항상 책을 손에서 놓지 않으니 가능한 일이다. 일하는 아내를 평생 지켜봐 주고 격려해준 남편에게도 고마운 마음을 전하고 싶다. 모든 것을 다 잘하기는 쉽지가 않다. 한 번 무엇에 꽂히면 다른 것은 안 보이는 내 습관은 잘 고쳐지지 않는다. 그런 나를 견뎌준 남편이 고맙다. 또 일요일마다 나의 영靈을 깨워주시는 김삼환 목사님께도 진심으로 감사드린다.

　나는 이 책을 탈고하고 난 뒤 딸과 모녀여행을 했다. 밀린 이야기를 하느라, 또 들어주느라 종일 쉴 틈이 없었다. 일을 마무리하고 쉬는 기쁨도, 일하는 기쁨만큼 즐겁고 행복하다. 이제야 그걸 깨달았다.

　글을 쓰는 동안 내 옆에는 항상 나의 고양이들 하니와 둘리가 있었다. 하니와 둘리는 5년 전과 1년 전에 한 놈은 쓰레기더미에, 한 놈은 가정집 옥상에 버려져 있었다. 버려진 고양이들을 치료하고 살리는 과정에서 나는 생명의 소중함을 깨달았다. 지금 그놈들은 내게 사랑과 행복의 샘물이다. 매일같이 하는 말이 있다.

"사랑한다. 하니 둘리야, 건강하게 오래오래 살아야 한다."

2016년 11월

불가능을 가능으로 만드는
바로 그 지점 '티핑 포인트'를 꿈꾸면서
이복실

게일 에반스, 『남자처럼 일하고 여자처럼 승리하라』, 공경희 옮김, 해냄출판사, 2000

김주환, 『회복탄력성』, 위즈덤하우스, 2011

다니엘 핑크, 『새로운 미래가 온다: 미래인재의 6가지 조건』 김명철 옮김, 한국경제신문, 2006

롯데인재개발원 엮음, 『기다립니다 기대합니다』, 클라우드나인, 2015

루안 브리젠딘, 『여자의 뇌 여자의 발견』, 임옥희 옮김, 리더스북, 2007

루안 브리젠딘, 『남자의 뇌 남자의 발견』, 황혜숙 옮김, 리더스북, 2010

바바라 G 워커, 『흑설공주 이야기』, 박혜란 옮김, 뜨인돌, 1998

박성희, 『공주를 키워주는 회사는 없다』, 민음인, 2005

마조리 한센 셰비츠, 『나는 자신감 있는 여자가 좋다』, 유소영 옮김, 삼진기획, 2002

말콤 글래드웰, 『티핑포인트』, 임옥희 옮김, 21세기북스, 2000

말콤 글래드웰, 『다윗과 골리앗』, 선대인 옮김, 21세기북스, 2014

말콤 글래드웰, 『그 개는 무엇을 보았나』, 김태훈 옮김, 김영사, 2010

쇼야 지키, 『성공하는 여자들의 파워리더십』, 박희라 옮김, 시아출판사, 2002

셰릴 샌드버그, 『린 인』, 안기순 옮김, 와이즈베리, 2013

아시아경제특별취재팀, 『7cm 하이힐의 힘: 세상을 바꾼 19명의 여성 CEO』, 황금사자, 2013

유발 하라리, 『사피엔스』, 조현욱 옮김, 김영사 2015

오프라 윈프리, 『내가 확실히 아는 것들』, 송연수 옮김, 북하우스, 2014

이복실, 『여자의 자리 엄마의 자리』, 카모마일북스, 2014

탄줴잉, 『살아 있는 동안 꼭 해야 할 49가지』, 김명은 옮김, 위즈덤하우스, 2003

전신애, 『너는 99%의 가능성이다』, 시공사, 2009

전영민, 『어떻게 일하며 성장할 것인가』, 클라우드나인, 2014

존 그레이, 『화성에서 온 남자 금성에서 온 여자』, 김경숙 옮김, 친구미디어 2004

칼리 피오리나, 『힘든 선택들』, 공경희 옮김, 해냄출판사, 2006

힐러리 로댐 클린턴, 『살아 있는 역사』, 김석희 옮김, 웅진닷컴, 2003

케티 케이 외 1인, 『나는 오늘부터 나를 믿기로 했다』, 엄성수 옮김, 위너스북, 2014

최정화, 『내 삶을 디자인하는 습관 10C』, Huine, 2015

애덤 그랜트, 『기브 앤 테이크』, 윤태준 옮김, 생각연구소, 2013

무라카미 하루키, 『직업으로서의 소설가』, 양윤옥 옮김, 현대문학 2016

그레첸 루빈, 『무조건 행복할 것』, 전행선 옮김, 21세기북스, 2010

쉬르자드 샤미네, 『긍정지능』, 윤태준 옮김, 생각연구소, 2012

피어스 스틸, 『결심의 재발견』, 구계원 옮김, 민음사, 2013

277

나는 죽을 때까지 성장하고 싶다

초판 1쇄 발행 2016년 11월 30일
초판 2쇄 발행 2016년 12월 20일

지은이 이복실
펴낸이 안현주

경영총괄 장치혁 **마케팅영업팀장** 안현영
디자인 표지 twoes 본문 dalakbang

펴낸곳 클라우드나인   **출판등록** 2013년 12월 12일(제2013-101호)
주소 우) 121-898 서울시 마포구 월드컵북로 4길 82(동교동) 신흥빌딩 6층
전화 02-332-8939   **팩스** 02-6008-8938
이메일 c9book@naver.com

값 15,000원
ISBN 979-11-86269-60-2 03320